SICHTBARE EINHEIT DER KIRCHE IN LUTHERISCHER PERSPEKTIVE
VISIBLE UNITY OF THE CHURCH FROM A LUTHERAN PERSPECTIVE

Bernd Oberdorfer | Oliver Schuegraf (Hrsg./Eds)

SICHTBARE EINHEIT DER KIRCHE IN LUTHERISCHER PERSPEKTIVE

VISIBLE UNITY OF THE CHURCH FROM A LUTHERAN PERSPECTIVE

Eine Studie des Ökumenischen Studienausschusses der Vereinigten Evangelisch-Lutherischen Kirche Deutschlands und des Deutschen Nationalkomitees des Lutherischen Weltbundes

A Study by the Ecumenical Study Committee of the United Evangelical Lutheran Church of Germany and the German National Committee of the Lutheran World Federation

EVANGELISCHE VERLAGSANSTALT
Leipzig

Bibliografische Information der Deutschen Nationalbibliothek
Die Deutsche Nationalbibliothek verzeichnet diese Publikation in der
Deutschen Nationalbibliografie; detaillierte bibliografische Daten
sind im Internet über http://dnb.dnb.de abrufbar.

© 2017 by Evangelische Verlagsanstalt GmbH · Leipzig
Printed in Germany

Das Buch wurde auf alterungsbeständigem Papier gedruckt.

Cover: Zacharias Bähring, Leipzig
Satz: Steffi Glauche, Leipzig
Druck und Binden: Hubert & Co., Göttingen

ISBN 978-3-374-05288-2
www.eva-leipzig.de

Content/Inhalt

Visible Unity of the Church from a Lutheran Perspective

A Study by the Ecumenical Study Committee
of the United Evangelical Lutheran Church of Germany
and the German National Committee of the Lutheran
World Federation

April 2016

Sichtbare Einheit der Kirche in lutherischer Perspektive

Eine Studie des Ökumenischen Studienausschusses
der Vereinigten Evangelisch-Lutherischen Kirche
Deutschlands und des Deutschen Nationalkomitees
des Lutherischen Weltbundes

April 2016

INTRODUCTION

In the study »From Conflict to Communion« the international Lutheran-Roman Catholic Commission on Unity, on behalf of the Lutheran World Federation (LWF) and the Pontifical Council for Promoting Christian Unity, investigates the chances for a common commemoration of the Reformation Jubilee in 2017. On the basis of the rapprochements reached between the churches in many areas during the 20th century, the Commission believes that it is possible to relate the story of the Reformation together. The hermeneutical basis for this view is the maxim that one should take what one has in common as the starting point and regard the historical conflicts in the light of what is held in common. This maxim should also serve as a guideline for current ecumenical relations. To that end, the Commission finishes by formulating five »ecumenical imperatives«, which are intended to express and intensify the growing communion in different fields. These imperatives also include a call to promote »visible unity«.

In the bilateral study, the term »visible unity« is not elaborated further. Obviously, it is presumed that it is a meaningful guiding vision for Lutheran and Roman Catholic ecclesiology, and that it is interpreted by both churches in a comparable way. These two premises may not, however, be taken for granted.

It is clear that for the Roman Catholic Church the comprehensive »unity« of the church must be expressed and represented in identifiable »visible« forms, which also include certain structures of ecclesiastical organisation. But does this also apply to the Lutheran church?

It has been repeatedly emphasised – whether approvingly or critically – that Lutheran ecclesiology emanates from the »invisible« or »hidden« church of true believers, of which the visible church is, as it were, only a subordinate phenomenon. While unity is constitutive for the hidden church, whose extent is indiscernible for human eyes – there can only be one body of Christ –, Lutheran ecclesiology acknowledges a variety of forms in which the visible church is recognisable. It is true that in Article VII the Confessio Augustana

Einleitung

In der Studie »Vom Konflikt zur Gemeinschaft« sucht die internationale Lutherisch/Römisch-Katholische Kommission für die Einheit im Auftrag des Lutherischen Weltbundes (LWB) und des Päpstlichen Rates zur Förderung der Einheit der Christen nach Möglichkeiten, das Reformationsjubiläum 2017 gemeinsam zu begehen. Auf der Grundlage der im 20. Jh. auf vielen Ebenen erreichten Annäherungen zwischen den Kirchen erscheint es der Kommission möglich, die Geschichte der Reformation gemeinsam zu erzählen. Hermeneutisch liegt der Darstellung die Maxime zugrunde, vom Gemeinsamen auszugehen und die historischen Konflikte im Licht des Verbindenden zu betrachten. Diese Maxime soll auch die gegenwärtigen ökumenischen Beziehungen leiten. In diesem Sinn formuliert die Kommission abschließend fünf »ökumenische Imperative«, die dazu anregen sollen, die gewachsene Gemeinschaft auf unterschiedlichen Feldern konkret zu artikulieren und weiter zu intensivieren. Zu diesen Imperativen zählt auch die Aufforderung, die »sichtbare Einheit« zu fördern.

In der bilateralen Studie wird der Ausdruck »sichtbare Einheit« nicht weiter entfaltet. Offensichtlich wird vorausgesetzt, dass er für lutherische wie römisch-katholische Ekklesiologie eine sinnvolle Leitvorstellung bildet und dass er von beiden Kirchen in vergleichbarer Weise gedeutet wird. Beides versteht sich aber nicht von selbst.

Zwar ist es klar, dass sich für die römisch-katholische Kirche die umfassende »Einheit« der Kirche in benennbaren »sichtbaren« Formen konkretisieren und repräsentieren muss, zu denen auch bestimmte Strukturen kirchlicher Organisation gehören. Aber gilt das auch für die lutherische Kirche?

Immer wieder ist – zustimmend oder kritisch – hervorgehoben worden, dass lutherische Ekklesiologie von der »unsichtbaren« oder »verborgenen« Kirche der wahrhaft Gläubigen ausgehe und die sichtbare Kirche gleichsam nur als nachgeordnetes Phänomen betrachte. Während für die verborgene Kirche, deren Umfang sich der menschlichen Wahrnehmung entzieht, Einheit konstitutiv sei – es kann nur den einen »Leib Christi« geben –, anerkenne lutherische Ekklesiologie auf der Ebene der sichtbaren Kirche eine Vielfalt von Realisierungsgestalten. Zwar verlange die Confessio Augustana in Art. VII für

requires agreement on the teaching of the gospel and the administration of the sacraments as sufficient for the ecclesiastical communion, even considers homogeneity of the rites and ceremonies (*traditiones humanae*) to be unnecessary and leaves open the question of how the fellowship of Christians is visibly expressed. Thus, the unity of the »believed« church could just as well be visibly represented in a community of churches with different organisational structures as in a unitary church.

On the other hand, it has also been pointed out that it is precisely the Confessio Augustana that, from its very concept, adheres to the guiding principle of visible church unity; it emphasised that the first 21 articles were undisputed, and treated the controversial themes mentioned in the remaining seven articles as questions of reform on the basis of existing unity. Thus, the reformers by no means regarded the question of the visible articulation of church unity as a secondary issue. In the 16th century this was also demonstrated by decades of attempts to maintain or restore unity with the Roman church through »religious colloquies«. Therefore, it still belongs today to the genuine tasks of Lutheran theology, to explore possibilities for overcoming church divisions and renewing church unity. However, it is not possible to refer back to a model that already exists; it is necessary, instead, to develop such a model altogether.

Therefore, it is not at all clear whether and in what sense visible unity is a necessary or at least sensible ecclesiological goal for Lutheran theology. The expression »visible unity« itself is, moreover, less clearly defined than it may seem at first sight. It is also used in different functions; the spectrum ranges from the use as a descriptive ecclesiological concept to the normative ecumenical objective. This ambiguity is all the more serious as the concept has also been taken up positively by Lutheran churches in other ecumenical dialogues, and they have committed themselves to the goal of visible unity. It is therefore necessary to clarify what it can mean under the conditions of Lutheran ecclesiology.

The Ecumenical Study Committee (ÖStA) of the United Evangelical Lutheran Church of Germany (Vereinigte Evangelisch-Lutherische Kirche Deutschlands, VELKD) and of the German National Committee of the Lutheran World Federation (GNC/LWF) would like to contribute to this Lutheran clarification with its study. In a first step, the terms »visibility« and »unity« are developed in their ecclesiological significance (1). Then the biblical theological foundations are presented, which are decisive for the question of visible unity (2). Following that, there is a short historical description

kirchliche Gemeinschaft einen Konsens im Verständnis des Evangeliums und der Sakramente, halte darüber hinaus aber eine Homogenität der kirchlichen Ordnungen (*traditiones humanae*) für unnötig und lasse offen, in welchen sichtbaren Gestalten sich die Gemeinschaft der Christenmenschen artikuliert. Die Einheit der »geglaubten« Kirche könne sich daher ebenso gut in der Gemeinschaft von Kirchen unterschiedlicher Organisationsstruktur wie in einer Einheitskirche sichtbar abbilden.

Dagegen ist freilich geltend gemacht worden, dass gerade die Confessio Augustana schon von ihrer Anlage her am Leitbild sichtbarer kirchlicher Einheit festhalte, indem sie die ersten 21 Artikel betont als unstrittig bezeichne und die in den restlichen sieben Artikeln angesprochenen kontroversen Themen als Reformfragen auf der Basis bestehender Einheit behandle. Für die Reformatoren sei die Frage der sichtbaren Artikulation kirchlicher Einheit also keineswegs sekundär gewesen. Dies zeigten im 16. Jh. auch die Jahrzehnte währenden Versuche, durch »Religionsgespräche« die Einheit mit der römischen Kirche zu wahren oder wiederherzustellen. Daher gehöre es auch heute zu den genuinen Aufgaben lutherischer Theologie, Möglichkeiten für eine Überwindung der kirchlichen Trennungen und die Erneuerung kirchlicher Einheit auszuloten. Dabei kann allerdings auch nicht auf ein bereits bestehendes Modell zurückgegriffen werden; ein solches wäre vielmehr erst zu entwickeln.

Es ist also durchaus nicht eindeutig, ob und in welchem Sinne sichtbare Einheit für lutherische Theologie eine notwendige oder zumindest sinnvolle ekklesiologische Zielvorstellung ist. Der Ausdruck »sichtbare Einheit« selbst ist zudem weniger klar umrissen, als er auf den ersten Blick erscheinen mag. Er wird auch in unterschiedlicher Funktion gebraucht; das Spektrum reicht von der Verwendung als deskriptives ekklesiologisches Konzept bis hin zur normativen ökumenischen Zielvorstellung. Diese Mehrdeutigkeit ist umso gravierender, als der Begriff von lutherischen Kirchen auch in anderen ökumenischen Dialogen positiv aufgegriffen wird und sie sich zum Ziel der sichtbaren Einheit verpflichtet haben. Daher muss geklärt werden, was er unter den Bedingungen lutherischer Ekklesiologie bedeuten kann.

Der Ökumenische Studienausschuss der VELKD und des DNK/LWB (ÖStA) möchte mit seiner Studie einen Beitrag zu dieser lutherischen Klärung liefern. In einem ersten Schritt werden die Begriffe »Sichtbarkeit« und »Einheit« in ihrer ekklesiologischen Bedeutung entfaltet (1). Daraufhin werden biblisch-theologische Grundlagen dargestellt, die für die Frage nach der sichtbaren Einheit maßgeblich sind (2). Im Anschluss daran wird kir-

of the forms in which Christianity assured itself of its universal unity, its comprehensive ties beyond individual communities (3). The following section discusses different concepts of visible unity developed in ecumenical discourses (4). A concluding consideration (5), based on the previous sections, culminates in the pertinent question: how much visibility is necessary for unity from a Lutheran perspective – and what kind of visibility could that be?

chenhistorisch skizziert, in welchen Formen die Christenheit sich ihrer übergreifenden Einheit, ihrer umfassenden übergemeindlichen Verbundenheit vergewisserte (3). Der folgende Abschnitt diskutiert unterschiedliche in den ökumenischen Diskursen entwickelte Konzepte der sichtbaren Einheit (4). Ein abschließender Überlegungsgang (5) spitzt auf der Grundlage des Erörterten die Thematik noch einmal auf die Frage zu: Wie viel Sichtbarkeit ist aus lutherischer Sicht nötig für die Einheit – und welche Sichtbarkeit?

1. Visible unity – Clarification of terminology

1.1 Visibility

Undoubtedly, the church is a specific social form, a visible form of social life. People consider themselves to be members and are also considered by others to be so. There are characteristic activities, rites and events which occur regularly and repeatedly. There are normative self-descriptions, membership rules, etc., which are intended to clarify the purpose of this form of community, its self-imposed organisational structures or the conditions for membership. Such self-descriptions and rules have to fulfil a certain degree of intersubjective dependability. They enable the community to be identified internally and externally, i.e., both for the members themselves as well as for outsiders. In the Lutheran tradition, this function is basically fulfilled by the confessional document. That is to say, these documents themselves are part of the visible institutional structures of the church as social form, whilst at the same time taking these structures as a topic. What do they say about visibility?

The fact that the church is and must be visible was self-evident to the reformers. In the Apology of the Augsburg Confession, Melanchthon strongly emphasises that the church is not a *Platonica civitas* (BSELK 407 = BC 177), i. e. not a purely spiritual community for which visible practices are not essential. And the famous definition of the church in CA VII describes the church as the »assembly of saints« or *congregatio sanctorum*, and defines this expression more closely by assigning certain visible practices to it, namely the public proclamation of the gospel and the administration of the sacraments. The visible practices belong to the essence of the church, are not merely inevitable makeshifts which are only required because the gospel needs organisational structures in order to be communicated under the conditions of space and time. On the contrary, these structures are themselves theologically relevant.

The Lutheran confessions only name two practices which are essential for the church: the proclamation of the gospel and the sacraments. In the Smalcald Articles, Luther appears to reduce this even further when he only

1. Sichtbare Einheit – Begriffsklärungen

1.1 Sichtbarkeit

Zweifellos ist die Kirche eine spezifische Sozialform, eine sichtbare Gestalt des sozialen Lebens. Menschen rechnen sich ihr als Mitglieder zu und werden ihr zugerechnet. Es gibt charakteristische Handlungen, Riten, regelmäßige, wiederkehrende Vollzüge. Es gibt normative Selbstbeschreibungen, Mitgliedschaftsregeln etc., die etwa klären, welchem Zweck diese Vergemeinschaftungsform dient, welche organisatorischen Strukturen sie sich gibt oder welche Bedingungen für die Mitgliedschaft erfüllt sein müssen. Derartige Selbstbeschreibungen und Regeln müssen einen gewissen Grad an intersubjektiver Verbindlichkeit erreichen. Sie ermöglichen die Identifikation der Gemeinschaft nach innen und nach außen, d. h., für die Mitglieder selbst wie für Außenstehende. In der lutherischen Tradition erfüllen diese Funktion grundlegend die Bekenntnisschriften. Diese gehören also selbst zu den sichtbaren institutionellen Strukturen der Sozialform Kirche und thematisieren diese Strukturen zugleich. Was sagen sie nun zum Aspekt der Sichtbarkeit?

Dass Kirche sichtbar ist und sein muss, war für die Reformatoren selbstverständlich. Emphatisch betont Melanchthon in der Apologie der Confessio Augustana, die Kirche sei keine *Platonica civitas* (BSELK 407), d. h., keine bloß geistige Gemeinschaft, für die sichtbare Vollzüge nicht wesentlich sind. Und die berühmte Kirchendefinition in CA VII bezeichnet die Kirche als »versamlung aller gleubigen« bzw. *congregatio sanctorum* und bestimmt diesen Ausdruck dadurch näher, dass sie ihm bestimmte sichtbare Vollzüge zuordnet, nämlich die öffentliche Verkündigung des Evangeliums und die Darreichung der Sakramente. Die sichtbaren Vollzüge gehören zum Wesen der Kirche, sind nicht bloß unvermeidliche Notbehelfe, die nur deshalb gebraucht werden, weil die Kommunikation des Evangeliums unter den Bedingungen von Raum und Zeit eben organisatorischer Strukturen bedarf. Diese Strukturen sind vielmehr selbst theologisch relevant.

Die lutherischen Bekenntnisse nennen nur zwei für das Kirchesein der Kirche konstitutive Vollzüge: Verkündigung und Sakramente. In den Schmalkaldischen Artikeln scheint Luther dies sogar noch einmal zu reduzieren, wenn er als Grundvollzug der Kirche nur noch Verkündigung und

mentions the proclamation and faithful hearing of the »Word of God« as the basic practice of the church (BSELK 776 = BC 325). This might well create the impression of an institutional minimalism, especially since CA VII explicitly distinguishes between these basic practices and those *traditiones humanae*, upon which it is not necessary to reach agreement, while the Smalcald Articles pointedly assert that the holiness of the church »does not consist of surplices, tonsures, long albs, or other ceremonies of theirs [sc. the Roman church's] that they have invented over and above the Holy Scriptures« (BSELK 776 = BC 325).

If one looks more closely, however, it quickly becomes clear that the confessions are far removed from a basic anti-institutionalism. On the one hand, the concrete formation of the basic practices mentioned is a task that necessitates the development of institutional structures. On the other hand, when ecclesiastical practices are characterised as *traditiones humanae*, it by no means follows that they are consequently to be regarded as unimportant or dispensable. Rather, it merely means that such expressions of ecclesiastical life are not to the same degree mandatory in comparison with preaching and the administration of the sacraments. Therefore, different forms, for example, of liturgy, vestments, church holidays, church organisation, etc. do not automatically lead to a break in ecclesial communion. This would only be the case if these discrepancies were to be an expression of fundamental differences in the understanding of the gospel, making it impossible for one or both sides to recognise and accept the other as a suitable manifestation of the church of Jesus Christ.

Conversely, the concrete formation of church life is to be measured by the fact that it promotes and points to the basic practices, namely proclamation of the gospel and administration of the sacraments.

However, the distinction between (uniform) basic practices and (variable) *traditiones humanae* is in some respects less clear than it first appears. For it is certainly indisputable that the basic practices must be formed within an institution. But how far is this institutional formation implicitly necessary for the basic practices themselves, and thus indispensable, and what belongs merely to the *traditiones humanae*, and is therefore variable? For example, it is widely acknowledged on the basis of CA V and CA XIV that the ordained ministry is a requirement for the functions of preaching the gospel and administering the sacraments. However, its concrete formation and its embeddedness within an institutional structure are subject to historical change and the pragmatic adaptation to changing constellations in church and society.

gläubiges Hören des »wort(es) Gottes« anspricht (BSELK 776). Dies könnte den Eindruck eines institutionellen Minimalismus erzeugen, zumal CA VII diese Grundvollzüge ausdrücklich von jenen *traditiones humanae* abgrenzt, hinsichtlich derer keine Übereinstimmung nötig ist, und die Schmalkaldischen Artikel scharf konstatieren, die Heiligkeit der Kirche »stehet nicht in Korhemden, blatten [Tonsuren], langen röcken und andern iren [sc. der römischen Kirche] Ceremonien, durch sie uber die heilige schrifft ertichtet« (BSELK 776).

Schaut man freilich genauer hin, so zeigt sich schnell, dass die Bekenntnisse weit entfernt sind von einem grundsätzlichen Anti-Institutionalismus. Zum einen ist die konkrete Ausgestaltung der genannten Grundvollzüge eine Aufgabe, die die Entwicklung institutioneller Strukturen gerade erforderlich macht. Zum anderen bedeutet die Charakterisierung kirchlicher Vollzüge als *traditiones humanae* keineswegs, dass diese damit als unwichtig oder entbehrlich beurteilt wären. Es bedeutet vielmehr nur, dass sie als Ausdrucksgestalten des kirchlichen Lebens nicht mit demselben Grad an Verbindlichkeit ausgestattet sind wie Verkündigung und Sakramentsspendung. Deshalb heben Unterschiede der Ausgestaltung etwa der Liturgie, der liturgischen Kleidung, der kirchlichen Feiertage, der Kirchenorganisation etc. nicht automatisch die kirchliche Gemeinschaft auf. Dies wäre nur dann der Fall, wenn sich in diesen Unterschieden grundsätzliche Differenzen im Verständnis des Evangeliums artikulierten, die es einer Seite oder beiden unmöglich machten, in der jeweils anderen Seite noch eine angemessene Erscheinungsform der Kirche Jesu Christi zu erkennen und anzuerkennen.

Daraus folgt umgekehrt: Die konkrete Gestaltung des kirchlichen Lebens findet ihr Kriterium darin, dass sie die Grundvollzüge der Verkündigung des Evangeliums und der Sakramentsspendung fördert und auf sie verweist.

Allerdings ist die Unterscheidung von (einheitlichen) Grundvollzügen und (variablen) *traditiones humanae* in mancher Hinsicht weniger klar, als sie zunächst erscheint. Denn zwar ist unstrittig, dass die Grundvollzüge institutionell gestaltet werden müssen. Was an dieser institutionellen Gestaltung ist aber notwendiges Implikat der Grundvollzüge selbst und insofern indisponibel, und was ist Teil der *traditiones humanae* und insofern variabel? So ist etwa aufgrund von CA V und CA XIV weithin anerkannt, dass zu den Funktionen der Evangeliumsverkündigung und Sakramentsspendung notwendig das ordinationsgebundene Amt gehört. Doch schon dessen konkrete Ausgestaltung und Einbettung in ein institutionelles Gefüge sind dem geschichtlichen Wandel und der pragmatischen Anpassung an veränderte kirchliche und

And what is to be said about the task of spiritual oversight over a number of congregations (*episkopé*)? To be sure, on the basis of CA XXVIII it is widely perceived as a necessary structural aspect of basic ecclesiastical practices; but it is by no means unambiguously clear whether this also includes the office of bishop as a specific personal form of ordained ministry.

However, although the relationship between basic ecclesial practices, their specific form, and other related church practices is subject to historical change and cannot be finalised normatively, it is indisputable that visibility is essential to the church. In the light of this, it is necessary to explain why the emphasis in Protestant theology is so often on the »invisible« or »hidden« church.

The decisive point is certainly that the church is defined in the Lutheran confessions as »the assembly of all *believers*« (CA VII, BSELK 102 = BC 42) or »holy *believers* and ›the little sheep‹ who hear the voice of their shepherd« (ASm III.XII, BSELK 776 = BC 324 f., italics added). It is, however, in some way impossible to detect faith. More precisely, faith does indeed articulate itself in certain visible and audible actions, statements and confessions. But one cannot explicitly deduce from them with absolute certainty the genuine existence of the faith which they are understood to express. CA VIII emphasises that the church is, »properly speaking, nothing else than the assembly of all believers and saints« (BSELK 102 = BC 42), but admits soberly that »in this life many false Christians, hypocrites, and even public sinners remain among the righteous« (ibid). The visible church is thus not simply identical with »the assembly of all believers and saints«: it has members who do not really believe, but pretend (and possibly are even convinced) that they do. Therefore, when faith becomes the criterion of membership of the »real« church, the status of the »empirical« church becomes uncertain. More precisely, when it comes to the faith which is worked by the Holy Spirit »where and when he wills« according to CA V (BSELK 100 = BC 40), does that not make the visible church simply the means to an end and its external orders fundamentally free to be used for any purpose that appears to be useful for this end? It was clear to the reformers that the Spirit had bound itself to the external practices of proclamation of the gospel and administration of the sacraments. They also emphasised in CA VIII that the sacraments of the church were valid, even when administered by unbelieving ministers. Thus,

gesellschaftliche Konstellationen ausgesetzt. Und wie steht es mit der Aufgabe einer übergemeindlichen geistlichen Aufsicht (*épiskopé*)? Zwar wird sie aufgrund von CA XXVIII weithin als notwendiges Strukturmoment der ekklesialen Grundvollzüge wahrgenommen; aber es ist keineswegs eindeutig geklärt, ob das auch das Bischofsamt als spezifische personale Ausprägung des ordinationsgebundenen Amtes einschließt.

Doch obwohl das Verhältnis von ekklesialen Grundvollzügen, ihrer konkreten Gestaltung und auf sie bezogenen anderen kirchlichen Handlungsvollzügen dem geschichtlichen Wandel unterworfen ist und nicht abschließend normativ fixiert werden kann, ist unbestritten, dass zur Kirche wesentlich ihre Sichtbarkeit gehört. Angesichts dessen ist erläuterungsbedürftig, warum im Blick auf die Kirche im Protestantismus theologisch häufig mit besonderem Nachdruck ihre Unsichtbarkeit bzw. Verborgenheit geltend gemacht wird.

Entscheidend dafür ist sicherlich, dass die Kirche in den lutherischen Bekenntnissen als »versamlung aller *gleubigen*« (CA VII, BSELK 102) bzw. als »die heiligen *gleubigen* und die Scheflin, die ires Hirten stim hören« (ASm III.XII, BSELK 776, Hervorhebungen hinzugefügt) definiert wird. Der Glaube aber ist in bestimmter Hinsicht unanschaulich. Genauer: Glaube artikuliert sich zwar in bestimmten sicht- und hörbaren Handlungen, Aussagen und Bekenntnissen. Aber von diesen lässt sich nicht eindeutig und zweifelsfrei auf das Gegebensein eben des Glaubens zurückschließen, als dessen Artikulation sie verstanden werden. CA VIII betont zwar, die Kirche sei »eigentlich nicht anders denn die versamlung aller gleubigen und heiligen« (BSELK 102), räumt aber nüchtern ein, dass »inn diesem leben viel falscher Christen und heuchler, auch offentliche sunder unter den fromen bleiben« (ebd.). Die sichtbare Kirche ist also nicht einfach identisch mit der »versamlung aller gleubigen und heiligen«: Sie hat Mitglieder, die nicht wirklich glauben, aber vorgeben (und womöglich selbst der Überzeugung sind), es zu tun. Wenn daher der Glaube zum Zugehörigkeitskriterium für die »eigentliche« Kirche wird, dann wird der Status der »empirischen Kirche« unsicher. Genauer: Wenn es um den Glauben geht, den zu wirken nach CA V das Werk des Heiligen Geistes ist, »wo und wenn er will« (BSELK 100), wird dann die sichtbare Kirche nicht zum bloßen Mittel zum Zweck, und ihre äußeren Ordnungen sind grundsätzlich disponibel nach Maßgabe dessen, was für diesen Zweck als dienlich erscheint? Für die Reformatoren war klar, dass sich der Geist für sein Wirken an die äußeren Vollzüge der Evangeliumsverkündigung und Sakramentsspendung gebunden habe. In CA VIII betonten sie denn auch, dass die kirchlichen Sakramente gültig seien, selbst wenn sie von ungläubi-

they clung on to the importance of external practices for faith. Nevertheless, the question remains as to whether institutional structures for the teaching of the faith should be regarded as theologically binding, and if so, which ones. In addition, it will be necessary to clarify whether the visible church has to mirror »the assembly of all believers« by representing their unity – and if so, how that can be achieved.

1.2 UNITY

Just as Jesus Christ is the one Lord, so there can be only one church of Jesus Christ, one Body of Christ. This is completely uncontroversial in ecumenism. The Confessio Augustana also emphasises that »at all times there must be and remain *one* holy, Christian church« (BSELK 102 = BC 43, italics added). Although this refers to »the assembly of all believers«, the Confessio leaves no doubt that this is realised in the visible practices of teaching the gospel and administering the sacraments – and that »unanimity« (*unitas*) must also prevail in these practices. In the 16th century, unlike today, there was no linguistic distinction between »unanimity« (*Einigkeit*) and »unity«. The word »unity« is, according to the German Dictionary of Jakob and Wilhelm Grimm, »an expression which has only become popular since the last [meaning the 18th] century, and was previously not common« (Deutsches Wörterbuch, Vol. 3, Sp. 199). In the 16th century, »unanimity« (*Einigkeit*) was the exact synonym for »*unitas*«.

Thus, CA VII does mean the visible church when it refers to »unanimity«. To be sure, it sets out with the intention of connecting unity and difference with one another. It asks what are the necessary and sufficient conditions for ecclesial unity and then distinguishes between them and those forms of church practice in which difference does not suspend ecclesial unity: the *traditiones humanae* already mentioned.

The Confession regards it as necessary, but also sufficient for church unity if there is consensus on the »pure« proclamation of the gospel and the »right« celebration of the sacraments. However, the Confession leaves open how this consensus is to be reached, the form in which it is articulated and how its content is to be determined. Certainly, the Confessio Augustana develops its own understanding of the *pura doctrina evangelii*, focused on the message of justification, and provides an elementary theological interpretation of the sacraments – thus claiming to name and give substance to the consensus that

gen Amtsträgern gespendet wurden. Sie hielten also an der Bedeutung der äußeren Vollzüge für den Glauben fest. Gleichwohl bleibt die Frage, ob überhaupt und, wenn ja, welche institutionellen Strukturen der Glaubensvermittlung als theologisch verbindlich verstanden werden müssen. Zudem wird klärungsbedürftig, ob die sichtbare Kirche die »versamlung aller gleubigen« auch insofern abbilden muss, dass sie deren Einheit repräsentiert – und, wenn ja, wodurch dies zu geschehen hat.

1.2 EINHEIT

So wie Jesus Christus der eine Herr ist, so kann es nur eine Kirche Jesu Christi, einen Leib Christi geben. Das ist ökumenisch völlig unumstritten. Auch die Confessio Augustana hebt hervor, »das alzeit müsse *ein* heilige Christlich kirche sein und bleiben« (BSELK 102; Hervorhebung hinzugefügt). Obwohl es sich dabei um die »versamlung aller gleubigen« handelt, lässt das Bekenntnis keinen Zweifel daran, dass sich diese in den sichtbaren Vollzügen der Evangeliumsverkündigung und Sakramentsspendung konkretisiert – und dass auch in diesen Vollzügen »Einigkeit« (*unitas*) herrschen muss. Anders als im heutigen Sprachgebrauch kann für das 16. Jh. nicht zwischen »Einigkeit« und »Einheit« differenziert werden. Das Wort »Einheit« ist ohnedies »ein erst seit dem vorigen [sc. 18.] jh. in schwang gekommner, früher noch nicht hergebrachter ausdruck« (Jakob und Wilhelm Grimm: Deutsches Wörterbuch, Bd. 3, Sp. 199). Im 16. Jh. war »Einigkeit« das genaue Synonym für »*unitas*«.

CA VII spricht also durchaus von der sichtbaren Kirche, wenn sie die »Einigkeit« thematisiert. Sie tut dies freilich von vornherein unter dem Gesichtspunkt, Einheit und Differenz miteinander zu verbinden. Sie fragt nämlich nach den notwendigen und hinreichenden Bedingungen für kirchliche Einheit und unterscheidet davon Formen kirchlicher Praxis, bei denen Differenz die kirchliche Einheit nicht aufhebt: die bereits genannten *traditiones humanae*.

Für die kirchliche Einheit notwendig, aber auch hinreichend ist für das Bekenntnis ein Konsens im Blick auf die »reine« Evangeliumsverkündigung und die »rechte« Feier der Sakramente. Das Bekenntnis lässt aber offen, wie dieser Konsens zustande kommt, in welcher Gestalt er artikuliert wird und wie sein inhaltlicher Umfang bestimmt ist. Gewiss entfaltet die Confessio Augustana selbst ein auf die Rechtfertigungsbotschaft zentriertes Verständnis der *pura doctrina evangelii* und gibt eine elementare theologische Deutung der Sakramente – und beansprucht damit, den einheitsbegründenden Konsens zu benennen und inhaltlich zu füllen. Aber sie gibt keine eindeutige Ant-

is the basis of unity. But it does not provide a clear answer to the question of the institutional form which this consensus must take in order to represent unity visibly. This is all the more serious since the reformers reckoned many forms of church life which were regarded as binding in the Roman church to the *traditiones humanae*, where differences between individual parishes or churches do not suspend basic unity.

It should be pointed out, however, that the characterisation of *traditiones humanae* was not intended to encourage a proliferation of church practices and eliminate any determination of ordinances. The validity of ordinances in one place was not to be called into question or disrespected by referring to different ones in other places. The idea was to avoid endowing these ordinances with the claim of ultimate religious authority, so that their recognition would become a condition for ecclesial communion.

However, the task remains to mirror in visible forms the consensus which is the basis of unity in relation to the visible church. This comprises a wide range of possibilities, from common religious or diaconal practice or reference to the common source of Holy Scripture, via common worship celebrations, to a more far-reaching liturgical communion. It extends from loose cooperation in ecumenical bodies, via the declaration of church communion[1] on the basis of doctrinal consensus whilst preserving organisational separation, to full organisational unity (which, of course, does not have to exclude internal differentiation).

The Lutheran confessional tradition does not give any clear indication as to which form of ecclesial »unanimity« should be sought. It neither demands organisational unity, nor does it exclude it in principle. It is indisputable, however, that from a Lutheran perspective the unity of the believed church of Jesus Christ has to be visibly articulated in some form.

---

[1]   The German term *Kirchengemeinschaft* used to be translated as church fellowship. Today it is mostly and more adequately translated as communion or church communion. In this study *Kirchengemeinschaft* is translated as church communion with the exception when the study refers to texts that use the word church fellowship.

wort auf die Frage, welche institutionelle Gestalt dieser Konsens annehmen muss, um die Einheit sichtbar zu repräsentieren. Dies ist umso gravierender, als die Reformatoren ja viele Formen des kirchlichen Lebens, die in der römischen Kirche als verbindlich galten, zu den *traditiones humanae* zählten, bei denen Differenzen zwischen einzelnen Gemeinden oder Kirchen die grundlegende Einigkeit nicht aufheben.

Allerdings ist darauf hinzuweisen, dass die Kennzeichnung von *traditiones humanae* die kirchliche Praxis nicht dem Wildwuchs aussetzen und jegliche Festlegung von Ordnungen unmöglich machen sollte. Die Geltung von Ordnungen an einem Ort sollte nicht unter Berufung auf anderslautende Ordnungen an anderen Orten angezweifelt und missachtet werden können. Verhindert werden sollte nur, dass diese Ordnungen mit dem Anspruch religiöser Letztverbindlichkeit etabliert wurden und ihre Anerkennung damit zur Bedingung für kirchliche Gemeinschaft würde.

Gleichwohl bleibt die Aufgabe bestehen, den die Einheit begründenden Konsens, da er sich auf die sichtbare Kirche bezieht, auch in sichtbaren Formen abzubilden. Dafür gibt es nun ein breites Spektrum an Möglichkeiten. Es reicht von gemeinsamer religiöser oder diakonischer Praxis oder der Berufung auf die gemeinsame Quelle der Heiligen Schrift über gemeinsame Andachtsfeiern bis hin zu weitergehender liturgischer Gemeinschaft, von der lockeren Kooperation in ökumenischen Gremien über die auf der Basis von Lehrkonsens erklärte Kirchengemeinschaft bei bleibender organisatorischer Trennung bis hin zur vollen organisatorischen Einheit (die freilich eine innere Differenzierung nicht ausschließen muss).

Die lutherische Bekenntnistradition gibt keine eindeutige Vorgabe, welche Gestalt kirchlicher »Einigkeit« anzustreben sei. Weder fordert sie etwa organisatorische Einheit noch schließt sie diese grundsätzlich aus. Dass aus lutherischer Perspektive die Einheit der geglaubten Kirche Jesu Christi in irgendeiner Form auch sichtbar artikuliert werden muss, ist jedoch unbestreitbar.

2. Biblical theological foundations

Lutheran theology regards the church as *creatura verbi*. When it is a question of the visibility of the church and its unity, it cannot ignore the church's origin in the salvific Word of God. This origin is also the basis and the yardstick for the shape of the church and its correction, if need be. In the sense of Reformation theology, the biblical foundations are to be consulted when considering the visible unity of the church. These are to be named here in a hermeneutically reflected way.

2.1 Hermeneutical principles on the unity and visibility of the church

The church has to proclaim the gospel of Jesus Christ, as it is testified in all the Holy Scriptures of the Old and New Testaments. The one God, who, according to the testimony of the Old Testament, has made his covenant with Israel, is believed and confessed as the father of Jesus Christ according to the testimony of the New Testament. Therefore, the biblical testimony of both testaments is decisive for the church and the proclamation of the one gospel is visible expression of its existence.

But the biblical testimonies of both testaments cannot be reduced to dogmatic doctrinal definitions. Rather, they describe Israel's path through its history and the beginnings of the church in the work of Jesus Christ and his apostles. At the same time, they testify to God's action towards his people Israel and in the Christ event. They form the fundamental Word of God, to which the church owes its existence and is committed in its formation. The historical diversity in the biblical testimonies and the confession of the one God must be bound together theologically.

From a historical perspective, biblical testimonies reflect a great variety of experiences that people have made in faith in the one God and father of Jesus Christ. Such faith experiences can be reconstructed with the help of biblical scholarship and grounded in their historical contexts. However, their theological significance for the church only exists in the context of the gospel.

2. Biblisch-theologische Grundlagen

Lutherische Theologie betrachtet die Kirche als *creatura verbi*. Wenn nach der Sichtbarkeit der Kirche und ihrer Einheit gefragt wird, kann sie von ihrem Ursprung im heilschaffenden Wort Gottes nicht absehen. In ihrem Ursprung wurzelt auch die Gestalt der Kirche, an ihrem Ursprung ist sie zu messen und gegebenenfalls zu korrigieren. Im Sinne reformatorischer Theologie ist bei der Besinnung auf die sichtbare Einheit der Kirche nach deren biblischen Grundlagen zu fragen. Diese sollen hier in hermeneutisch reflektierter Weise benannt werden.

2.1 Hermeneutische Grundsätze zu Einheit und Sichtbarkeit der Kirche

Die Kirche hat das Evangelium von Jesus Christus zu verkündigen, wie es in der ganzen Heiligen Schrift Alten und Neuen Testaments bezeugt wird. Der eine Gott, der nach dem Zeugnis des Alten Testaments seinen Bund mit Israel geschlossen hat, wird nach dem Zeugnis des Neuen Testaments als Vater Jesu Christi geglaubt und bekannt. Deshalb ist das biblische Zeugnis beider Testamente maßgeblich für die Kirche und ist die Verkündigung des einen Evangeliums sichtbarer Ausdruck ihrer Existenz.

Die biblischen Zeugnisse beider Testamente lassen sich aber nicht auf dogmatische Lehrdefinitionen reduzieren. Sie beschreiben vielmehr die Wege Israels durch seine Geschichte und die Anfänge der Kirche im Wirken Jesu Christi und seiner Apostel. Zugleich bezeugen sie das Handeln Gottes an seinem Volk Israel und im Christusgeschehen. Darin bilden sie das grundlegende Wort Gottes, dem sich die Kirche verdankt und an dem sie ihre Gestalt auszurichten hat. Die geschichtliche Vielfalt in den biblischen Zeugnissen und das Bekenntnis zu dem einen Gott müssen theologisch zusammengehalten werden.

In historischer Perspektive spiegelt sich in den biblischen Zeugnissen eine große Vielfalt von Erfahrungen, die Menschen im Glauben an den einen Gott und Vater Jesu Christi gemacht haben. Solche Glaubenserfahrungen können mit bibelwissenschaftlichen Methoden zwar rekonstruiert und in ihren geschichtlichen Kontexten verankert werden. Theologisch maßgeblich für die Kirche sind sie aber erst im Zusammenhang des Evangeliums.

Some biblical testimonies such as Jesus' prayer »that they may all be one« (Jn 17:21), or the admonition in Ephesians, »one Lord, one faith, one baptism« (Eph 4:5) are frequently cited as the biblical foundation for the unity of the church, but they cannot suffice to substantiate this claim. It is only in their hermeneutically reflected biblical-theological context that they can be heard as a commission and an encouragement to make the unity of the church that was founded in the Word of God also visible in its faith and life.

2.2 UNDERSTANDING OF UNITY IN THE OLD AND NEW TESTAMENTS

2.2.1 The unity of God and his covenant with Israel

The Old Testament is a collection of traditions about Israel's faith in its God, who made a covenant with his people and gave them the Torah as a guide to life. The literary form of these traditions in the writings of the Old Testament is determined by fundamental theological structures such as the belief in the one God (in contrast to the other nations of the world), God's covenant with Israel and his gift of the Torah, the promise of the survival and redemption of the chosen people, the gift of the land to ensure the livelihood of the twelve tribes, the kingdom of David and its permanent rule, and the temple in Jerusalem. However, the Old Testament texts also reveal that the unity of the people of God and the faith in one God were always endangered and called into question, both from outside as well as internally. Even when visible signs of the unity of God's people were endangered or able to go missing in the course of its history, faith in the one God of Israel offered support and orientation. Thus, the oneness of God and the unity of the people of God should be understood in Old Testament tradition rather as guiding principles than as descriptions of real conditions, rather as theological concepts than as historically visible realities, rather as critical criteria than as authentic findings.

2.2.2 Understanding of God and communion in Christ

Faith in the God of Israel is decisive for the testimony to Christ in the New Testament. The confession of Jesus Christ, the Son of God, whom God raised from the dead and lifted up to himself, was integrated theologically into this faith. The biblical understanding of God and the confession of Jesus Christ form a fundamental theological correlation in the New Testament.

Einzelne biblische Aussagen wie das Wort Jesu nach Johannes »damit sie alle eins seien« (Joh 17,21) oder die Ermahnung im Epheserbrief »ein Herr, ein Glaube, eine Taufe« (Eph 4,5), die häufig als biblische Grundlage für die Einheit der Kirche herangezogen werden, können für sich genommen dieses Gewicht nicht tragen. Erst in ihrem hermeneutisch reflektierten biblisch-theologischen Zusammenhang können sie als Auftrag und Ansporn gehört werden, die im Wort Gottes begründete Einheit der Kirche auch in ihrem Glauben und Leben sichtbar zu machen.

2.2 ZUM VERSTÄNDNIS VON EINHEIT IM ALTEN UND IM NEUEN TESTAMENT

2.2.1 Die Einheit Gottes und sein Bund mit Israel

Im Alten Testament sind Überlieferungen vom Glauben Israels an seinen Gott gesammelt, der mit seinem Volk einen Bund geschlossen und ihm die Tora als Lebensweisung gegeben hat. Für die literarische Gestalt dieser Überlieferungen in den Schriften des Alten Testaments sind theologische Grundstrukturen maßgeblich wie der Glaube an den einen Gott (im Unterschied zu den Völkern der Welt), der Bund Gottes mit Israel und die Gabe der Tora, die Verheißung von Bestand und Errettung des erwählten Volkes, die Gabe des Landes als Lebensgrundlage für das Zwölf-Stämme-Volk, das Königtum Davids und seine dauerhafte Herrschaft und der Tempel in Jerusalem. Die alttestamentlichen Texte lassen aber auch erkennen, dass die Einheit des Gottesvolkes und der Glaube an den einen Gott immer gefährdet waren und in Frage gestellt wurden, von außen wie von innen. Auch wenn sichtbare Zeichen der Einheit des Gottesvolkes in seiner Geschichte gefährdet waren oder verloren gehen konnten, bot doch der Glaube an den einen Gott Israels Halt und Orientierung. Einheit Gottes und Einheit des Gottesvolkes sind demnach in der alttestamentlichen Überlieferung eher Leitvorstellungen als Beschreibungen von Zuständen, eher theologische Konzepte als geschichtlich sichtbare Realitäten, eher kritischer Maßstab als historischer Befund.

2.2.2 Gottesverständnis und Christusgemeinschaft

Für das Christuszeugnis im Neuen Testament ist der Glaube an den Gott Israels maßgeblich. In ihn wurde das Bekenntnis zu Jesus Christus, dem Sohn Gottes, den Gott von den Toten erweckt und zu sich erhöht hat, theologisch integriert. Das biblische Gottesverständnis und das Bekenntnis zu Jesus Christus bilden im Neuen Testament einen theologisch fundamentalen Zusammenhang.

Compared to Israel's understanding of God, the decisive modification in the faith of the church is to be found in its confession that the one God of Israel has revealed himself eschatologically in the Christ event. It follows that, according to Christian understanding, fellowship with God is obtained through faith in Jesus Christ. The unity of the *ekklesia*, in the Christian sense the people of God in the last days, thus emerges out of the unity in faith in the gospel (cf. the New Testament metaphors of the church as the »body of Christ«, »temple of the Holy Spirit«, »communion of saints«, »a herd under one shepherd«, »vine and branches«). Such unity is visibly manifested in the forms of early Christian communal life, such as baptism, Lord's Supper, diaconia, and mission.

The New Testament texts prove such unity of the Christian community to be rather theological concept than historical reality. The beginnings of the Jesus movement testify to a great variety of congregations and, in some cases, to sharp conflicts in the expression of their teachings, forms of life and organisational structures. At some points in the New Testament writings, for example in Acts, but also in the Gospels or in the Book of Revelation, conflicts and threats to their solidarity are more recognisable than clear principles and expressions of visible unity of the church.

2.3 FORMS OF UNITY AND DIVERSITY

2.3.1 Temple, land and people in the Old Testament and early Judaism

According to Old Testament tradition, affiliation to God's chosen people is given when an individual or a family belong to one of the twelve tribes of Israel or when he or she has joined the people of God as a proselyte. Corresponding to this conception, the Bible understands that mankind is composed of the people of Israel and all other peoples of the world. The unity of the people of God corresponds to the oneness of God. Just as the promises of salvation apply to Israel as a whole and to every individual member of its people, so God's action in judgement and deliverance also applies both to the people and to each individual.

This »common destiny« of Israel is not fundamentally called into question by the fact that different groups with different forms of life or religious convictions in different social strata come into being or disappear under different cultural and political conditions in different geographic regions. The notion of Israel as a people of twelve tribes lives on in early Judaism and is also ex-

Gegenüber dem Gottesverständnis Israels liegt die entscheidende Modifikation im Glauben der Kirche in ihrem Bekenntnis, dass der eine Gott Israels sich im Christusgeschehen endzeitlich offenbart hat. Daraus folgt, dass nach christlichem Verständnis Gemeinschaft mit Gott erlangt wird durch Glauben an Jesus Christus. Die Einheit der *Ekklesia*, des endzeitlichen Gottesvolkes im christlichen Sinne, entsteht somit in der Einheit im Glauben an das Evangelium (vgl. die neutestamentlichen Metaphern von der Kirche als »Leib Christi«, »Tempel des Heiligen Geistes«, »Gemeinschaft der bzw. am Heiligen«, »eine Herde unter einem Hirten«, »Weinstock und Reben«). Solche Einheit realisiert sich sichtbar in Formen frühchristlichen Gemeinschaftslebens wie Taufe, Herrenmahl, Diakonie und Mission.

Die neutestamentlichen Texte belegen, dass auch solche Einheit der christlichen Gemeinde eher theologisches Konzept ist als geschichtliche Realität. Die Anfänge der Jesus-Bewegung zeugen von einer großen Vielfalt von Gemeinden und z. T. scharfen Auseinandersetzungen bei der Ausprägung ihrer Lehren, Lebensformen und Organisationsstrukturen. Bisweilen werden in den neutestamentlichen Schriften, etwa in den Apostelbriefen, aber auch in den Evangelien oder im Buch der Offenbarung, eher Konflikte und Gefährdungen der Zusammengehörigkeit sichtbar als klare Grundsätze und Ausdrucksweisen sichtbarer Einheit der Kirche.

2.3 Formen von Einheit und Vielfalt

2.3.1 Tempel, Land und Volk im Alten Testament und im Frühjudentum
Die Zugehörigkeit zum von Gott erwählten Volk realisiert sich nach alttestamentlicher Überlieferung in der Zugehörigkeit des Einzelnen und seiner Familie zu einem der zwölf Stämme Israels oder durch Eintritt in das Gottesvolk als Proselyt. Dieser Konzeption entsprechend setzt sich nach biblischem Verständnis die Menschheit zusammen aus dem Volk Israel und allen übrigen Völkern der Welt. Dem einen Gott entspricht die Einheit des Gottesvolkes. So, wie die Heilsverheißung Israel als Ganzem und jedem einzelnen Glied des Volkes gilt, so gilt auch Gottes Handeln in Gericht und Rettung dem Volk wie jedem und jeder einzelnen.

Diese »Schicksalsgemeinschaft« Israels wird nicht grundsätzlich dadurch in Frage gestellt, dass sich unterschiedliche Gruppen mit unterschiedlichen Lebensformen oder religiösen Überzeugungen in unterschiedlichen sozialen Schichten unter unterschiedlichen kulturellen und politischen Gegebenheiten in unterschiedlichen geografischen Regionen herausbilden oder wieder verschwinden. Die Vorstellung von Israel als Zwölf-Stämme-Volk ist im Frühju-

pressed in New Testament texts (cf. Acts 26:7; Jas 1:1), although this had not conformed to the political and geographic realities for centuries. Israelites such as Paul knew which tribe they belonged to (cf. Phil 3:5; Rom 11:1).

The concentration on Jerusalem constituted a strong visible sign of the unity of biblical Israel. In ancient Judaism the exclusiveness of the temple in Jerusalem was not questioned by the voluntary or involuntary spread of Israelites beyond the borders of the country. Rather, Jews in the Diaspora maintained links to Jerusalem spiritually (e. g. through copies of Scripture), materially (through financial gifts) and, where possible, personally (e. g. by pilgrimages). The fact that in early Judaism extremely differing religious groups evolved, in some cases in sharp conflict with one another, does not necessarily contradict the guiding religious concept of the unity of the people of God. The conflicts between such groups reveal precisely their struggle for appropriate interpretation of the will of God for his people.

2.3.2 Jesus gathers and sends his church

Jesus preached the message that his own appearance and work was God's visible manifestation of his dominion over his people Israel and his creation (cf. Mk 1:15; Lk 10:9 / Mt 10:7; Lk 6:20 / Mt 5:3). A visible sign of this message was the gathering of a circle of twelve followers who shared Jesus' way of life and participated in his proclamation (cf. Mk 3:14-19; 6:7-13). This circle represents the twelve sons of Jacob and symbolises the eschatological restoration of the twelve tribes of Israel. Visible signs for the beginning of the kingdom of God at the end of time are also Jesus' exemplary and demonstrative healings (cf. Mk 1:23-34,40-45; 2:1-12; Lk 11:19ff. / Mt 12:27ff.), his provocative companionship with social outcasts and marginalised groups in the people of God (cf. Mk 2:13-17; Lk 7:34 / Mt 11:19; Mt 21:31ff.; Lk 15:30) and the radical concentration of the will of God on the commandment to love God and one's neighbour (cf. Mk 12:28-34).

As a message of salvation, Jesus' proclamation of the kingdom of God is not limited to Israel, even though his historical activity was largely oriented towards Israel (cf. Mt 10:5ff.; 15:24, but also Lk 10:12-15 / Mt 11:20-24). That Jesus deliberately chose to go to Jerusalem, leading to his death on the cross as a consequence of a symbolic action in the temple (cf. Mk 11:15-17), indicates the theological meaning of his work: as a man from Israel and by

dentum lebendig und zeigt sich auch an neutestamentlichen Belegen (vgl. Apg 26,7; Jak 1,1), obwohl die politisch-geographischen Realitäten schon seit Jahrhunderten dem nicht mehr entsprachen. Auch Israeliten wie Paulus wussten, zu welchem Stamm sie sich rechnen konnten (vgl. Phil 3,5; Röm 11,1).

Die Konzentration auf Jerusalem stellte ein starkes sichtbares Zeichen der Einheit des biblischen Israels dar. In frühjüdischer Zeit wurde die Exklusivität des Tempels in Jerusalem auch durch freiwillige oder unfreiwillige Ausbreitung von Israeliten über die Grenzen des Landes hinaus nicht in Frage gestellt. Vielmehr hielten Juden in der Diaspora Verbindungen nach Jerusalem ideell (z. B. durch die biblischen Schriften), materiell (durch finanzielle Gaben) und wo möglich auch personal (etwa durch Wallfahrten) aufrecht. Dass sich im Frühjudentum sehr unterschiedlich profilierte religiöse Gruppierungen herausbildeten und z. T. scharf in Konflikt miteinander traten, muss der religiösen Leitvorstellung von der Einheit des Gottesvolkes nicht widersprechen. Gerade an den Konflikten zwischen solchen Gruppen zeigt sich ihr Ringen um die sachgemäße Interpretation des Willens Gottes für sein Volk.

2.3.2 Sammlung und Sendung der Gemeinde durch Jesus

Jesus trat mit der Botschaft auf, dass in seinem Kommen und Wirken Gott seine Herrschaft über sein Volk Israel und über seine Schöpfung sichtbar angetreten hat (vgl. Mk 1,15; Lk 10,9 / Mt 10,7; Lk 6,20 / Mt 5,3). Ein sichtbares Zeichen dieser Botschaft war die Sammlung eines Kreises von zwölf Anhängern, die Jesu Lebensweise teilten und an seiner Verkündigung teilnahmen (vgl. Mk 3,14–19; 6,7–13). Dieser Kreis repräsentiert die zwölf Söhne Jakobs und symbolisiert die endzeitliche Wiederherstellung des Zwölf-Stämme-Volkes Israel. Sichtbare Zeichen für den Anbruch der endzeitlichen Herrschaft Gottes sind auch die exemplarischen und demonstrativen Heilungen Jesu (vgl. Mk 1,23–34.40–45; 2,1–12; Lk 11,19f. / Mt 12,27f.), seine provokative Zuwendung zu Ausgestoßenen und ›Randsiedlern‹ im Gottesvolk (vgl. Mk 2,13–17; Lk 7,34 / Mt 11,19; Mt 21,31f.; Lk 15,30) und die radikale Zuspitzung des Gotteswillens auf das Gebot der Liebe zu Gott und zum Nächsten (vgl. Mk 12,28–34).

Als Heilsbotschaft ist die Verkündigung Jesu von der Herrschaft Gottes nicht auf Israel begrenzt, auch wenn das geschichtliche Wirken Jesu weitgehend auf Israel ausgerichtet war (vgl. Mt 10,5f.; 15,24, aber auch Lk 10,12–15 / Mt 11,20–24). Der von Jesus bewusst gewählte Weg nach Jerusalem, der ihm in Folge einer zeichenhaften Aktion im Tempel (vgl. Mk 11,15–17) den Tod am Kreuz eintrug, verweist auf den theologischen Sinn seines

his service and the sacrifice of his life, Jesus visibly represents God's will and action towards his people and all humankind at the end of time (cf. Mk 10:45). At the Last Supper, Jesus also shifted the fellowship with his disciples into an eschatological context pointing beyond his death. This symbolic act signifies both the fulfilment of God's covenant with his people by the forgiveness of sins »for many« and also the lasting communion of the disciples with their Lord (cf. Mk 14:22–25; 1 Cor 11:23–29). From the Easter perspective, this represents a prototype for the church of Jesus Christ.

The church as assembly of believers in Jesus Christ has its theological foundation and origin in Jesus, in his proclamation, his ministry, his life and destiny, which is heard and believed as the gospel in the light of his resurrection from the dead. In this way it differs theologically from Israel, the people of God of the Old Covenant. All the historical developments of the church must be traced back and related to this one foundation which has become visible in the New Testament.

However, the New Testament writings also show that, from the very beginning, the message of Jesus and the confession of his resurrection from the dead were articulated in a great many different ways and forms, addressing a number of different groups. The unity of the Jesus Christ event forms the foundation of the church. Such unity, however, is not fixed in the New Testament in the form of a visibly uniform doctrine or organisation, but can only be revealed in the form of living testimonies by people who expressed their faith in Jesus Christ in many ways. The unity of God and the diversity of faith are thus connected dialectically, also with regard to Jesus Christ as the foundation of the church.

2.3.3 Baptism, Lord's Supper, diaconal ministry and mission in
Early Christianity

The faith and life of the church are founded in the salvific action of God, who raised the crucified Jesus from the dead. The historical beginnings of the church can only be vaguely recognised on the basis of the testimonies handed down in the New Testament writings. The means of historical reconstruction are inadequate to explain either the origins of the first congregation(s) after Easter or the Easter event itself. The manifold narratives of Easter in the New Testament largely leave aside the events which happened directly in Jesus'

Wirkens: Jesus repräsentiert als Mensch aus Israel in seinem Dienst und seiner Lebenshingabe sichtbar den Willen und das endzeitliche Handeln Gottes an seinem Volk und an allen Menschen (vgl. Mk 10,45). In seinem letzten Mahl rückte Jesus auch die Gemeinschaft mit seinen Jüngern in einen endzeitlichen Horizont, der über seinen Tod hinausweist. In dieser Zeichenhandlung symbolisiert sich die Vollendung des Bundes Gottes mit seinem Volk durch Vergebung der Sünden »für die vielen« und zugleich die bleibende Gemeinschaft der Jünger mit ihrem Herrn (vgl. Mk 14,22–25; 1Kor 11,23–29). In österlicher Perspektive zeigt sich hierin ein Urbild für die Kirche Jesu Christi.

Die Kirche als Gemeinde Jesu Christi hat theologisch ihren Grund und Ursprung bei Jesus, in seiner Verkündigung, seinem Wirken, seinem Weg und seinem Geschick, das im Licht seiner Auferstehung von den Toten als Evangelium gehört und geglaubt wird. Darin unterscheidet sie sich theologisch von Israel, dem Gottesvolk des Alten Bundes. Alle geschichtlichen Entfaltungen der Kirche müssen auf diesen einen, im Neuen Testament sichtbar gewordenen Grund zurückgeführt und an ihm ausgerichtet werden.

Allerdings belegen die neutestamentlichen Schriften auch, dass die Botschaft Jesu und das Bekenntnis zu seiner Auferweckung von den Toten von Anfang an in großer Vielfalt, in unterschiedlichen Ausprägungen und gegenüber verschiedenen Adressaten zur Sprache gebracht worden sind. Die Einheit des Jesus-Christus-Geschehens bildet den Grund der Kirche. Solche Einheit ist allerdings im Neuen Testament nicht in Gestalt einer sichtbareinheitlichen Lehrgestalt oder Organisationsform fixiert, sondern nur in Gestalt lebendiger Zeugnisse von Menschen zugänglich, die ihren Glauben an Jesus Christus auf vielfältige Weise zum Ausdruck gebracht haben. Einheit Gottes und Vielfalt des Glaubens sind somit auch mit Blick auf Jesus Christus als Grund der Kirche dialektisch miteinander verbunden.

2.3.3 *Taufe, Herrenmahl, Diakonie und Mission im Urchristentum*
Die Kirche begründet ihren Glauben und ihr Leben in dem heilvollen Handeln Gottes, der Jesus, den Gekreuzigten, von den Toten auferweckt hat. Die geschichtlichen Anfänge der Kirche lassen sich anhand der Zeugnisse, die in den neutestamentlichen Schriften überliefert sind, nur umrisshaft erkennen. Die Entstehung der ersten Gemeinde(n) nach Ostern kann mit den Mitteln historischer Rekonstruktion ebenso wenig ausreichend erklärt werden wie das Ostergeschehen selbst. Die vielfältigen Osterzeugnisse im Neuen Testament lassen die unmittelbaren Vorgänge in Jesu Grab weitgehend beiseite

tomb and focus on the encounters and experiences of people at the tomb and after the resurrection. Thus, it is not possible to reconstruct historically a unified origin of the church after Easter. Rather, this is a guiding theological principle which found its literary expression particularly in Luke's writings, i. e. the Gospel of Luke and the Acts of the Apostles.

The New Testament writings reveal that already in the earliest congregations forms of community life emerged that differed significantly from those of other religious groups, including the Jewish ones. These include baptism once and for all in Jesus Christ (cf. Rom 6:3ff.; 1 Cor 1:13-17; Gal 3:26-29), the regular celebration of the Lord's Supper, recalling Jesus' Last Supper with his disciples (cf. 1 Cor 10:16ff.; 11:23-34), the social support of the needy in the community (cf. Acts 2:41-47; 6:1-6; Jas 2:14-16) and the spreading of the message of salvation in Jesus Christ (cf. Gal 1:15ff.). There were indeed analogies to the first Christians' baptism and to the Lord's Supper in the rites and communal forms of early Jewish and Hellenistic-Roman religion and culture, but they cannot be derived from latter. Their symbolic form and theological significance are determined by reference to the story of Jesus Christ.

In the early days of the church, diaconal service and mission led to particular religious and social forms of community in Christian groups, but not to the emergence of a new religious community in contrast to Judaism of the day. This only came to pass over several generations, in which early Christianity and rabbinic Judaism sought their identity both in mutual exchange and also in painful conflicts. The social cohesion of Christian communities as well as their theological self-definition in comparison to Judaism demonstrate their continuing reference to biblical Jewish tradition. In order to strengthen the cooperation between congregations and to reconcile social tensions within them, Christians were able to draw on social traditions of the Old Testament (cf. Isaiah 1:17; Ps 146:7-9) and the forms of communication in early Jewish communities (cf. for example the tradition of early Jewish letters to the communities or the sending of apostles). Paul's preaching of the gospel to non-Jews also did not lead to a break in connections to Jerusalem (cf. Paul's so-called Jerusalem Collection for the »saints« there, Rom 15:25-28) or to the rejection of Israel as God's people (cf. Rom 11:11-32; 15:7-13). On the contrary, Israel's scriptures continued to be read in the Christian commu-

und konzentrieren sich auf die Begegnungen und Erfahrungen von Menschen am Grab Jesu und nach seiner Auferweckung. Ein einheitlicher Anfang der Kirche nach Ostern ist also historisch nicht rekonstruierbar. Er ist vielmehr ein theologisches Leitbild, das besonders im lukanischen Werk, bestehend aus dem Lukasevangelium und der Apostelgeschichte, literarischen Ausdruck gefunden hat.

Die neutestamentlichen Schriften lassen erkennen, dass sich schon in den frühesten Gemeinden Formen eines Gemeinschaftslebens herausbildeten, die sich signifikant von denen anderer religiöser Gruppen, auch von jüdischen, unterscheiden. Dazu gehören die einmalige Taufe auf Jesus Christus (vgl. Röm 6,3 f.; 1 Kor 1,13–17; Gal 3,26–29), die regelmäßig wiederholten Mahlfeiern in Anknüpfung an das letzte Mahl Jesu mit seinen Jüngern (vgl. 1 Kor 10,16 f.; 11,23–34), die soziale Unterstützung Bedürftiger in der Gemeinde (vgl. Apg 2,41–47; 6,1–6; Jak 2,14–16) sowie die Ausbreitung der Heilsbotschaft von Jesus Christus (vgl. Gal 1,15 f.). Taufe und Herrenmahl der ersten Christen haben zwar Analogien in Riten und Gemeinschaftsformen frühjüdischer und hellenistisch-römischer Religion und Kultur, lassen sich aber daraus nicht herleiten. Ihre zeichenhafte Gestalt und ihre theologische Bedeutung sind durch den Verweis auf die Jesus-Christus-Geschichte bestimmt.

Diakonie und Mission führten in der Anfangszeit der Kirche zu eigenständigen religiösen und sozialen Gemeinschaftsformen christlicher Gruppen, ohne dass sich daraus schon eine neue Religionsgemeinschaft im Gegenüber zum zeitgenössischen Judentum herausgebildet hätte. Dies war erst Ergebnis einer über mehrere Generationen andauernden Identitätssuche von frühem Christentum und rabbinischem Judentum in gegenseitigem Austausch, aber auch in schmerzhaften Konflikten. Im sozialen Zusammenhalt christlicher Gemeinden ebenso wie bei ihrer theologischen Selbstdefinition im Gegenüber zum Judentum zeigen sich bleibende Verbindungen zur biblisch-jüdischen Überlieferung. Zur Stärkung des Zusammenhalts zwischen den Gemeinden und zum Ausgleich sozialer Spannungen in ihnen konnten die Christen auf soziale Traditionen des Alten Testaments (vgl. Jes 1,17; Ps 146,7–9) und auf Kommunikationsformen frühjüdischer Gemeinschaften (vgl. z. B. die Tradition frühjüdischer Gemeindebriefe oder die Aussendung von Gemeindeaposteln) zurückgreifen. Auch die paulinische Verkündigung des Evangeliums an Nichtjuden führte nicht zum Abbruch der Verbindungen nach Jerusalem (vgl. die sogenannte Kollekte des Paulus für die »Heiligen« in Jerusalem, Röm 15,25–28) oder zur Absage an Israel als Gottesvolk (vgl. Röm 11,11–32; 15,7–13). Vielmehr wurden die Schriften Israels in den christlichen Gemein-

nities as a theological foundation and an aid to understanding the faith in Jesus Christ. The writings of what was later to be known as the Old Testament were thus an inalienable sign of unity of the church and its connection with Israel.

2.4 PROCLAMATION OF THE GOSPEL AND VISIBLE UNITY IN EARLY CHRISTIANITY

2.4.1 Mission and concentration

Since the Christian message had been spread beyond the borders of Israel and Judaism and non-Jews had been won for the faith, the early Christian movement was faced with the task of re-determining its religious and theological identity as eschatological people of God. In the course of the mission and the mutual support of the congregations, also in material ways, networks were formed to serve the bonds between Christians over considerable distances. Forms of communication which are particularly richly documented in connection with the Pauline mission included visits to the local congregations, exchange of co-workers, writing, translating and distributing letters and other texts. In this way it was possible to overcome regional and cultural boundaries and to prevent the Christian groups from losing touch with one another.

In the Pauline mission, which is documented in the New Testament by the letters of Paul and the narrative of the book of Acts, examples of both centrifugal and centripetal forces in early Christianity are to be found. »Gentile Christian« communities arose when non-Jews were baptised into Jesus Christ without converting to Judaism (cf. Gal 5:1–12; 6:15; Phil 3:2–11). However, the non-Jewish baptised followers of Jesus were committed in their confession to belief in the God of Israel, who has revealed himself in Jesus Christ (cf. 1 Cor 8:4–8; 10:14–22). Following this theological orientation, the apostle admonished Christians originating from different traditions to welcome one another as Christ has welcomed them (cf. Rom 15:7–13).

Pauline theology basically reflects the idea that all the historical, social and religious contradictions of human life have been annulled in Christ (cf. 1 Cor 12:13; Gal 3:27 ff.). That neither means that ethnic, religious or cultural differences in the communities disappear, nor that baptised Christians are »discharged« from all historical constellations in their lives, but rather that such differences may neither compromise nor even destroy the unity of the »body of Christ«, that is to say, the fellowship with one another and with Christ

den als theologische Grundlage und Verstehenshilfe für den Glauben an Jesus Christus weiterhin gelesen. Die Schriften des (erst später so genannten) Alten Testaments wurden so zu einem unaufgebbaren Zeichen der Einheit der Kirche und ihrer Verbindung mit Israel.

2.4 Verkündigung des Evangeliums und sichtbare Einheit im frühen Christentum

2.4.1 Mission und Konzentration

Durch die Verbreitung der Christusbotschaft über die Grenzen Israels und des Judentums hinaus und mit der Gewinnung von nichtjüdischen Mitgliedern stand die frühchristliche Bewegung vor der Aufgabe, ihre religiöse und theologische Identität als endzeitliches Gottesvolk neu zu bestimmen. Im Zuge der Mission und der gegenseitigen, auch materiellen Unterstützung der Gemeinden bildeten sich Netzwerke, die dem Zusammenhalt der christlichen Bewegung über erhebliche Distanzen hinweg dienten. Kommunikationsformen wie Gemeindebesuche, Austausch von Mitarbeitern, briefliche Kommunikation, Übersetzung und Verbreitung eigenen Schrifttums, die vor allem im Zusammenhang der paulinischen Mission reich belegt sind, konnten regionale und kulturelle Grenzen überwinden, ohne dass der Zusammenhalt der christlichen Gruppen dabei verloren ging.

In der paulinischen Mission, die im Neuen Testament durch die Paulusbriefe und die Darstellung der Apostelgeschichte dokumentiert ist, zeigen sich exemplarisch zentrifugale wie zentripetale Kräfte im frühen Christentum. »Heidenchristliche« Gemeinden entstanden durch die Taufe von Nichtjuden auf Jesus Christus ohne Übertritt zum Judentum (vgl. Gal 5,1–12; 6,15; Phil 3,2–11). In ihrem Bekenntnis wurden allerdings auch die nichtjüdischen getauften Jesus-Anhänger auf den Glauben an den Gott Israels verpflichtet, der sich in Jesus Christus offenbart hat (vgl. 1Kor 8,4–8; 10,14–22). Dieser theologischen Orientierung folgend ermahnt der Apostel die aus verschiedenen Traditionen herkommenden Christen, einander anzunehmen, wie Christus sie angenommen hat (vgl. Röm 15,7–13).

In der paulinischen Theologie wird der Gedanke grundsätzlich reflektiert, dass in Christus alle geschichtlichen, sozialen und religiösen Gegensätze menschlichen Lebens »aufgehoben« sind (vgl. 1Kor 12,13; Gal 3,27 f.). Das bedeutet nicht, dass ethnische, religiöse oder kulturelle Unterschiede in den Gemeinden verschwinden und auch nicht, dass getaufte Christen in ihrem Leben aller geschichtlicher Konstellationen »enthoben« sind, sondern vielmehr, dass solche Differenzen die Einheit des »Leibes Christi«, also die

(cf. 1 Cor 1:13–30; 3:18–23; 12:12–31; Rom 12:4–8; 15:1–13). In this sense, the basic biblical confession »God is one« (Dt 6:4) is ›put into the plural‹ by Paul: »All of you are one in Christ« (Gal 3:28).

The unity of the Christian church is rooted theologically in the belief in the one God of Israel, christologically in the confession of Jesus Christ and ecclesiologically in baptism in his name. This is also evident because the message of Christ is anchored in the testimony of Israel's scriptures and is in accordance with them (cf. 1 Cor 15:3–5). Christians now read these scriptures from the perspective of their faith in Jesus Christ, whom God raised from the dead, and thus they become the Old Testament of the Christian Bible.

2.4.2 Unity by delimitation

The emergence of early Christianity and its formation into the Christian church took place historically in a process which was not recognisable in an institutional shape before the 2nd century at the earliest. At this time, in a largely parallel process, Judaism also found its definitive shape as a religious community such as we know it today. That is to say, in a theological sense both Judaism and Christianity, Israel and the church, found their respective, distinctive form jointly and simultaneously, dictated by historical developments. It cannot be overlooked and may not be forgotten that in this process of self-discovery and the formation of distinct religious identities Judaism and Christianity sharply distinguished and mutually excluded themselves from one another. These strong conflicts do not only reflect power struggles and survival strategies, but also the awareness of the common theological foundations, namely Israel's scriptures and faith in God.

Faced with the Hellenistic-Roman majority society and its cultural and religious traditions, the church initially followed the path of self-discovery by increased demarcation and exclusion. The »world« of pagan religion and culture appears in parts of the New Testament to be a space which Christians must avoid, remaining in their own space, where Christ is Lord (cf. Jn 15:18 ff.; 1 Cor 1:20 ff.; 5:10; Jas 1:27). Here, too, the commitment to belief in the God of Israel was a crucial sign of unity, visually perceptible in the multi-religious ancient world. At the same time, early Christianity spread out mainly in the Hellenistic-Roman world, partly following the paths of Jewish Diaspora and

Gemeinschaft untereinander und mit Christus, nicht gefährden oder gar zerstören dürfen (vgl. 1 Kor 1,13.30; 3,18–23; 12,12–31; Röm 12,4–8; 15,1–13). Das biblische Grundbekenntnis »Gott ist einer« (Dtn 6,4) wird in diesem Sinne von Paulus ›pluralisiert‹: »Denn alle seid ihr einer in Christus« (Gal 3,28).

Theologisch wurzelt die Einheit der christlichen Gemeinde im Glauben an den einen Gott Israels, christologisch in dem Bekenntnis zu Jesus Christus und ekklesiologisch in der Taufe auf seinen Namen. Das zeigt sich auch daran, dass die Christusbotschaft im Zeugnis der Schriften Israels verankert und aus ihnen begründet wird (vgl. 1 Kor 15,3–5). Diese werden nunmehr von den Christen aus der Perspektive ihres Glaubens an Jesus Christus gelesen, den Gott von den Toten auferweckt hat, und damit zum Alten Testament der christlichen Bibel.

2.4.2 Einheit durch Abgrenzung

Die Entstehung des frühen Christentums und seine Ausgestaltung zur christlichen Kirche vollzogen sich historisch betrachtet in einem Prozess, der frühestens im 2. Jh. auch institutionell erkennbar Gestalt fand. Auch das Judentum als Religionsgemeinschaft fand erst in einem weitgehend parallel verlaufenden Prozess seine heute maßgebliche Gestalt. Judentum und Christentum, Israel und die Kirche im theologischen Sinn haben also gleichzeitig und miteinander ihre jeweilige, im Ergebnis der geschichtlichen Entwicklungen voneinander verschiedene Gestalt gefunden. Es kann nicht übersehen und darf nicht verschwiegen werden, dass dieser Prozess der Selbstfindung und Ausgestaltung je eigener religiöser Identitäten in Judentum und Christentum mit scharfen Abgrenzungen und gegenseitigen Ausgrenzungen verbunden war. Diese konfliktreichen Vorgänge spiegeln aber nicht nur Machtkämpfe und Überlebensstrategien wider, sondern auch das Wissen um die gemeinsamen theologischen Grundlagen im Glauben an Gott und in den Schriften Israels.

Gegenüber der hellenistisch-römischen Mehrheitsgesellschaft und ihren kulturellen und religiösen Traditionen vollzog sich die Selbstfindung der Kirche zunächst noch stärker in Ab- und Ausgrenzung. Die »Welt« paganer Religion und Kultur erscheint in Teilen des Neuen Testaments wie ein Raum, dem gegenüber die Gemeinden als Herrschaftsbereich Christi ihren eigenen Raum abgrenzen müssen (vgl. Joh 15,18 f.; 1 Kor 1,20 f.; 5,10; Jak 1,27). Auch dabei war die Festlegung auf den Glauben an den Gott Israels ein entscheidendes, in der multireligiösen Welt der Antike sichtbar wahrnehmbares Signal ihrer Einheit. Gleichzeitig breitete sich das frühe Christentum aber vor allem in der hellenistisch-römischen Welt aus, z. T. in den Bahnen des Diasporajudentums,

integrating some elements of their culture and social forms in its own ways of life. Thus, the church which is theologically based on the testimony of the Scriptures finds its historical shape in forms and traditions of the ancient world and in its social and political conditions.

With regard to discovering and maintaining visible unity of the church, these historical processes appear ambivalent. On the one hand, the theological controversies and the attempts to find structural and organisational unification in early Christianity helped to clarify the teaching and beliefs of the church, to strengthen their ways of life and to stabilise the ties between Christian congregations under the conditions of the ancient Roman world. Thus, the Old Testament continued to be regarded as part of the Christian Bible over against competing Christian fellowships (unlike Marcion and other groups attributable to »gnosis« in the broader sense). The firm adherence to the belief that Jesus acted historically as a human led to the demarcation from and exclusion of such groups that obviously represented other beliefs (cf. 2 Jn 7). On the other hand, such processes also led to a reduction of plurality in early Christianity and to the exclusion of groups and traditions that probably had greater importance at the beginnings of the Jesus movement. This goes first and foremost for Jewish Christianity, traces of which can only be seen faintly in the New Testament (particularly in the Epistle of James and the Gospel of Matthew), compared to the form of Christianity decisively influenced by Paul.

The New Testament canon reflects the results of this clarification process towards the end of the 4th century and thus bears witness to the prevalence of a particular line of development in early Christianity. Apparently, there were initially others which have become largely invisible in the meantime. However, even those texts comprising the Christian Biblical canon cannot be attributed to a clearly definable doctrinal tradition and a common form of organisation in the »Early Church«. Rather, they show unmistakable traces of originally strong variations in opinions, positions and means of expression of the Christian faith. The collection of the four Gospels in the New Testament provides a living testimony to this, as does also the compilation of Paul's letters together with that of the »Catholic Epistles«. In this respect, with regard to the New Testament canon one can speak of a »tamed diversity«, or a »limited

und integrierte dabei Bestandteile von deren Kultur und Sozialgestalt in ihre eigenen Lebensformen. Die Kirche gründet damit, theologisch gesehen, im Zeugnis der Heiligen Schrift; sie findet ihre geschichtliche Gestalt aber in Formen und Traditionen und unter sozialen und politischen Gegebenheiten antiker Kultur.

Im Blick auf die Findung und Wahrung sichtbarer Einheit der Kirche erscheinen diese historischen Prozesse ambivalent. Die theologischen Auseinandersetzungen und die Bemühungen um eine strukturelle und organisatorische Vereinheitlichung im frühen Christentum haben einerseits zur Klärung der Lehr- und Glaubensgrundlagen der Kirche, zur Stärkung ihrer Lebensformen und zur Festigung des Zusammenhalts christlicher Gemeinden unter den Bedingungen der antik-römischen Welt beigetragen. So wurde in Abgrenzung von konkurrierenden christlichen Gemeinschaften am Alten Testament als Teil der christlichen Bibel festgehalten (anders Markion und andere, im weiteren Sinn der »Gnosis« zurechenbare Gruppen). Das dezidierte Festhalten am Bekenntnis, dass Jesus geschichtlich als Mensch gewirkt hat, führte zur Abgrenzung und Ausgrenzung von Gruppen, die offenbar andere Überzeugungen vertraten (vgl. 2Joh 7). Andererseits führten solche Prozesse auch zur Reduktion von Pluralität im frühen Christentum und zum Ausschluss von Gruppen und Überlieferungen, die in den Anfängen der Jesus-Bewegung vermutlich noch größere Bedeutung hatten. Hier ist an erster Stelle das Judenchristentum zu nennen, dessen Spuren im Neuen Testament gegenüber der durch Paulus maßgeblich geprägten Gestalt des Christentums nur noch schwach zu erkennen sind (besonders im Jakobusbrief und im Matthäusevangelium).

Der neutestamentliche Kanon spiegelt die Ergebnisse dieser Klärungsprozesse gegen Ende des 4. Jh.s wider und bezeugt damit die Durchsetzung einer bestimmten Entwicklungslinie im frühen Christentum, neben der es offenbar zunächst auch andere gegeben hat, die heute weitgehend unsichtbar geworden sind. Allerdings lassen sich auch die im christlichen Bibelkanon zusammengestellten Schriften nicht auf eine eindeutig fixierbare Lehrtradition und eine einheitliche Organisationsform des »Urchristentums« zurückführen. Vielmehr zeigen sie unverkennbar die Spuren einer ursprünglich hohen Variabilität an Stimmen, Positionen und Ausdrucksmitteln des christlichen Glaubens. Dafür legt schon die Vier-Evangelien-Sammlung im Neuen Testament ein lebendiges Zeugnis ab, aber ebenso die Zusammenstellung der Paulusbriefsammlung mit einer weiteren der »Katholischen Briefe«. Insofern kann man mit Blick auf den Kanon des Neuen Testaments von einer »gebändigten Vielfalt« bzw. einer »begrenzten Pluralität« sprechen. Auch

pluralism«. Such pluralism can also be considered an expression of visible unity of the church.

2.4.3 Identity markers in early Christianity

Similarly, to ancient Judaism, early Christianity also adopted organisational forms, behaviours and basic beliefs which, from a historical perspective, justify the labelling of religious groups as »Christian« (so-called identity markers; using the terminology »Christian« vs. »Jewish« to identify different religions is anachronistic for the pre-Constantinian period). Of course, such characteristics of Christian identity can often only be defined retrospectively by determining developments in early church teaching, and the historical origins and processes that led to their formation are often obscure.

Foremost among these characteristics is the explicit reference to Jesus Christ, born a Jew and active in Galilee, crucified by the Romans in Jerusalem and raised from the dead by God as his followers believe (cf., apart from the Gospel tradition, Gal 4:4; 1 Cor 15:3–5). Despite the variety of texts and traditions documented in the New Testament, it is not possible to recognise historically any Christian group that contradicted these basic Christological tenets. Thus, the theological foundation of the church finds its visible expression first of all in the reference of New Testament witnesses to Jesus Christ.

According to the testimony of the New Testament, there is also no dispute over the fact that for all Christian groups their understanding of God is determined by faith in the God of Israel. It is true that debates are recognisable both in the New Testament and in early Christian literature outside the New Testament canon that indicate some questioning of this basic theological conviction (especially in the so-called »gnosis«). But precisely such disputes on Israel's understanding of God obviously led to the clarification of the understanding of God in the Christian church. Therefore, it is not a matter of chance, but rather a visible sign of unity, that the church established the Old Testament as part of its Bible.

In this way, another constitutive feature for the unity of the church has already been mentioned: the canonical collection of its scriptures. In congregational practice, a two-part collection of writings has emerged, divided into Old and New Testament, which has come to be recognised as the Holy Scripture of the church by looking back on the decisions taken in the 4th century.

solche Pluralität kann als Ausdruck sichtbarer Einheit der Kirche gewertet werden.

2.4.3 »Identity markers« im frühen Christentum

Ähnlich wie das antike Judentum hat auch das frühe Christentum Organisationsformen, Verhaltensweisen und Grundüberzeugungen ausgebildet, die in historischer Perspektive zur Markierung von religiösen Gruppen als »christlich« berechtigen (sogenannte »identity markers«; die Terminologie »christlich« vs. »jüdisch« zur Bezeichnung verschiedener Religionen ist allerdings für die vorkonstantinische Zeit anachronistisch). Freilich lassen sich solche Kennzeichen christlicher Identität oft erst im Rückblick von den Festlegungen der altkirchlichen Lehrentwicklung her benennen, und die geschichtlichen Ursprünge und Vorgänge, die zu ihrer Herausbildung geführt haben, liegen oft im Dunkeln.

An erster Stelle ist hier der explizite Bezug auf Jesus Christus zu nennen, der als Jude geboren wurde und in Galiläa wirkte, von den Römern in Jerusalem gekreuzigt wurde und nach dem Glauben seiner Anhänger durch Gott von den Toten auferweckt worden ist (vgl., abgesehen von der Evangelienüberlieferung, Gal 4,4; 1Kor 15,3–5). Bei aller Vielfalt der im Neuen Testament erfassten Texte und Überlieferungen lässt sich keine christliche Gruppe historisch nachweisen, die diesen christologischen Grundaussagen widersprochen hätte. Der theologische Grund der Kirche findet seinen sichtbaren Ausdruck somit zuerst in der Bezugnahme der neutestamentlichen Zeugen auf Jesus Christus.

Ebenso unumstritten ist nach den Zeugnissen des Neuen Testaments, dass alle christlichen Gruppen in ihrem Gottesverständnis durch den Glauben an den Gott Israels bestimmt sind. Zwar werden in neutestamentlichen Schriften und in der frühchristlichen Literatur außerhalb des Neuen Testaments auch Debatten erkennbar, die auf die Infragestellung dieser theologischen Grundüberzeugung hindeuten (vor allem in der sogenannten »Gnosis«). Gerade an solchen Auseinandersetzungen um das Gottesverständnis Israels hat sich aber das Gottesverständnis der christlichen Kirche erkennbar geklärt. Daher ist es kein Zufall, sondern sichtbares Zeichen ihrer Einheit, wenn sich die Kirche auf das Alte Testament als Teil ihrer Bibel festgelegt hat.

Damit ist ein weiteres für die Einheit der Kirche konstitutives Merkmal benannt: die kanonische Sammlung ihrer Schriften. Im Gebrauch der Gemeinden hat sich dabei eine zweiteilige Sammlung von Schriften herausgebildet, gegliedert nach Altem und Neuem Testament, die aus dem Rückblick der Festlegungen im 4. Jh. als Heilige Schrift der Kirche anerkannt worden ist. Wäh-

While the Greek Bible of the Jewish Diaspora (Septuagint) was essentially adopted as the Old Testament, the apostolic testimonies of the early Christian movement were compiled in the New Testament. With regard to the visible unity of the church according to the New Testament, the compilation of the four Gospel texts is particularly remarkable (a »harmony of the Gospels«, such as Tatian's Diatessaron for the Syrian church, was rejected in the Greek majority church) as well as the two collections of Epistles, fourteen »Pauline« and seven »Catholic«. This shows that, in the canonical testimony of Scripture, unity was not understood as unanimity, but as polyphony.

During the period in which the New Testament was written the forms of regional organisation and congregational leadership remained remarkably varied. Alongside personalised and hierarchical approaches to church leadership (cf. 1 Tim 3:1–13; 4:14; Acts 6:1–6; 15:4) there are also collective (cf. Phil 1:1; Tit 1, 5–9; Jas 5:14) or charismatic structures (cf. 1 Cor 12) which are reflected in the New Testament writings, without any evidence of a clear development trend. The threefold order of ministry (bishop – presbyter – deacon), which can be traced back to the 2nd century, cannot be deduced directly from the writings of the New Testament, although all three titles for leadership roles in the congregations are already documented and certainly carry weight.

Regarding the sense of togetherness in the first Christian communities, more significance should be attached to their roots in the work of the Apostles and the orientation of their message to the apostolic preaching. Here, the historical origins of the church connect with its theological roots and its spiritual mission. As they are described in the New Testament, the apostles form the link between the church and its historical beginnings (cf. Acts 1:15–26). At the same time, they form the fellowship of those called by the risen Christ to proclaim the Gospel to Israel and the nations (cf. 1 Cor 15:5–11; Gal 2:1–10). Their fellowship with one another has its basis and yardstick in the commandment to bring the message of Christ to all people. In this sense, as a theological criterion for its preaching, the apostolicity of the church is also a visible sign of its unity.

rend für das Alte Testament im Wesentlichen die griechische Bibel des Diasporajudentums (Septuaginta) übernommen wurde, wurden im Neuen Testament die apostolischen Zeugnisse der frühchristlichen Bewegung zusammengestellt. Besonders bemerkenswert mit Blick auf die sichtbare Einheit der Kirche nach dem Neuen Testament ist dabei die Zusammenstellung von vier Evangelienschriften (eine »Evangelienharmonie«, wie sie für die syrische Kirche in der Version des Tatian überliefert ist, wurde dagegen in der griechischen Mehrheitskirche abgelehnt) sowie von zwei Sammlungen von vierzehn »paulinischen« und sieben »katholischen« Briefen. Einheit wurde im kanonischen Zeugnis der Schrift demnach nicht als Einstimmigkeit verstanden, sondern als Polyphonie.

Bemerkenswert vielfältig blieb im Zeitraum, in dem die neutestamentlichen Schriften entstanden sind, noch die Ausgestaltung von überregionalen Organisationsformen und Leitungsstrukturen in den Gemeinden. Neben Ansätzen zu einer Personalisierung und Hierarchisierung (vgl. 1 Tim 3,1–13; 4,14; Apg 6,1–6; 15,4) zeigen sich in den neutestamentlichen Schriften auch kollektive (vgl. Phil 1,1; Tit 1,5–9; Jak 5,14) oder charismatische Strukturen der Gemeindeleitung (vgl. 1 Kor 12), ohne dass eine klare Entwicklungstendenz erkennbar wird. Die seit dem 2. Jh. belegte dreigliedrige »Ämterordnung« (Bischof – Presbyter – Diakon) kann aus den Schriften des Neuen Testaments nicht direkt abgeleitet werden, obwohl alle drei Bezeichnungen dort schon für Leitungsfunktionen in der Gemeinde belegt sind und durchaus Gewicht haben.

Stärkeres Gewicht im Blick auf die Zusammengehörigkeit der ersten christlichen Gemeinden kommt ihrer Verwurzelung im Wirken der Apostel und der Ausrichtung ihrer Botschaft an der apostolischen Verkündigung zu. Hier verbinden sich die geschichtlichen Ursprünge der Kirche mit ihren theologischen Wurzeln und ihrem geistlichen Auftrag. In dem Bild, das die neutestamentlichen Schriften von ihnen zeichnen, sind die Apostel das Bindeglied der Kirche zu ihren geschichtlichen Anfängen (vgl. Apg 1,15–26). Zugleich bilden sie die Gemeinschaft derer, die durch den auferstandenen Christus zur Verkündigung des Evangeliums an Israel und die Völker berufen sind (vgl. 1 Kor 15,5–11; Gal 2,1–10). Ihre Gemeinschaft untereinander hat ihren Grund und Maßstab in dem Auftrag, die Christusbotschaft allen Menschen auszurichten. In diesem Sinne, als theologisches Kriterium für ihre Verkündigung, ist die Apostolizität der Kirche auch sichtbares Zeichen ihrer Einheit.

2.5 CONCLUSION

For a Lutheran understanding of visible unity of the church the starting point is its mission to proclaim the gospel of Jesus Christ. Since the proclamation of the gospel has its yardstick in the scriptures of both Old and New Testaments, the criteria for the visibility and unity of the church are to be derived from the whole of Scripture and to be judged according to it.

The Bible as the Word of God in human language testifies to many different forms of faith and ways of life of the church in various historically conditioned manifestations. In the biblical scriptures, the visible unity of God's people and the church thus appears to be rather a model and a vision than a historical reality.

In the focus on Jesus Christ, in whom God works salvation for his people and his creation, the church finds its unity and gives it visible expression. It can already be seen in the writings of the New Testament and its compilation as biblical canon that this focus on Jesus Christ functions as a guideline and critical measure, in order to discern repeatedly and anew the origin, nature and mission of the church.

According to the biblical witness, the unity of the church can be neither standardised, nor can its pluralism be idealised. Rather, it is the church's mission to proclaim the gospel of Jesus Christ, in which the God of the Bible speaks to people, in such a way that it can be heard and believed as the unique Word of God for salvation.

2.5 FAZIT

Für ein lutherisches Verständnis sichtbarer Einheit der Kirche ist von ihrem Auftrag auszugehen, das Evangelium von Jesus Christus zu verkündigen. Da die Verkündigung des Evangeliums in der Heiligen Schrift Alten und Neuen Testaments ihren Maßstab hat, sind auch die Kriterien für die Sichtbarkeit und die Einheit der Kirche aus der ganzen Heiligen Schrift abzuleiten und an ihr zu messen.

Die Bibel bezeugt als Gotteswort in menschlicher Sprache eine große Vielfalt von Glaubensweisen und Lebensformen der Kirche in je unterschiedlichen, geschichtlich bedingten Ausprägungen. In den biblischen Schriften erscheint die sichtbare Einheit des Gottesvolkes bzw. der Kirche daher eher als Leitbild und Zielvorstellung denn als geschichtliche Wirklichkeit.

In der Ausrichtung auf Jesus Christus, in dem Gott an seinem Volk und seiner Schöpfung heilsam handelt, findet die Kirche ihre Einheit und gibt ihr sichtbar Ausdruck. Schon an den Schriften des Neuen Testament und ihrer Sammlung zum biblischen Kanon lässt sich ablesen, dass diese Ausrichtung auf Jesus Christus als Leitlinie und kritischer Maßstab gilt, um Ursprung, Wesen und Auftrag der Kirche immer wieder neu zu erkennen.

Nach biblischem Zeugnis kann weder die Einheit der Kirche normiert noch ihre Pluralität idealisiert werden. Vielmehr hat die Kirche den Auftrag, das Evangelium von Jesus Christus, in dem der Gott der Bibel zu den Menschen spricht, so zu verkünden, dass es in seiner Eindeutigkeit als Gottes heilsames Wort gehört und geglaubt werden kann.

3. FROM THE VIEWPOINT OF CHURCH HISTORY

A look at history shows that the development of the Christian churches is marked by the tension between increasing differentiation and lasting awareness of unity, specified in the search for visible expressions of unity.

3.1 EARLY CHURCH

In early Christianity forms already developed which revealed the ties between local congregations. Initially, it was not principally a question of establishing institutions for the church as a whole, but rather the symbolic expression of such unity in witness to Holy Scripture, in liturgy and confession. By reading from Scripture in their devotions, Christians expressed liturgically that they felt united with one another as they listened to the Word of the Bible, despite the great geographical distances in the Roman Empire. In the Roman church the readings for Sunday worship had already been laid down in the 5th century in defined orders of service (pericopes). Christians responded to the promises of Christ's word with the profession of their faith. In the New Testament we can already find formulated confessions that provide a concise expression of the Christian faith for preaching and worship (1 Cor 15:3–5; Phil 2:6–11; 1 Cor 8:6; Mt 28:19). As from the 2nd century, these developed into the Trinitarian confession, which was explained in the catechumenate and spoken aloud at baptisms (Hippolytus TradApost. 21), but also served increasingly as the definition of the church's teachings and its public representation in apologetic speech (Ignatius Trall 9, Justin Apol I, 13,3; Irenaeus Adv haer I,10). The bonds between Christians also found expression in the liturgical prayer of intercession, which included both the members of the local church and the Christians of the universal church (2 Thess 1:11; Col 1:9–11; 1 Tim 2:1ff.). A consequence was the collection for the needy, as had already been requested by Paul for the Jerusalem church (Gal 2:10; 2 Cor 8ff.; Rom 15:25–33).

In the early church the episcopacy became a major expression of unity. At first, it competed with the ministry of the presbyter, but in the course of the 2nd century the monepiscopacy prevailed as a ministry that represented

3. Kirchenhistorische Perspektiven

Der Blick in die Geschichte zeigt, dass auch die Entwicklung der christlichen Kirchen geprägt ist durch die Spannung zwischen sich ausdifferenzierender Vielfalt und bleibendem Einheitsbewusstsein, das sich in der Suche nach sichtbaren Ausdrucksformen der Einheit konkretisiert.

3.1 Alte Kirche

Bereits in der frühen Christenheit entwickelten sich Formen, in denen sich die übergemeindliche Verbundenheit der Gemeinden zeigte. Dabei stand zunächst nicht die Einrichtung gesamtkirchlicher Institutionen im Vordergrund, sondern der symbolisierende Ausdruck dieser Einheit im Zeugnis der Heiligen Schrift, in der Liturgie sowie im Bekenntnis. In den gottesdienstlichen Schriftlesungen brachten die Christen liturgisch zum Ausdruck, dass sie sich im Römischen Reich trotz großer geographischer Entfernungen im Hören auf das Wort der Bibel geeint wussten. Die Lesungen des sonntäglichen Gottesdienstes wurden seit dem 5. Jh. in der römischen Kirche in feste Perikopenordnungen gefasst. Auf den Zuspruch des Wortes Christi antworteten die Christen mit dem Bekenntnis ihres Glaubens. Bereits in den neutestamentlichen Schriften finden sich Bekenntnisformeln, die dem christlichen Glauben in Predigt und Gottesdienst einen verdichteten Ausdruck geben (1Kor 15,3–5; Phil 2,6–11; 1Kor 8,6; Mt 28,19). Aus ihnen entwickelte sich seit dem 2. Jh. das entfaltete trinitarische Bekenntnis, das im Katechumenat erklärt und in der Taufe vorgetragen wurde (Hippolyt TradApost 21), zunehmend aber auch der Definition der kirchlichen Lehre und ihrer öffentlichen Darstellung in der apologetischen Rede diente (Ignatius Trall 9, Justin Apol I,13,3; Irenäus Adv haer I,10). Die Verbundenheit der Christen fand zudem einen Ausdruck im gottesdienstlichen Fürbittengebet, das die Gemeindeglieder ebenso wie die Christen der Gesamtkirche einschloss (2Thess 1,11; Kol 1,9–11; 1Tim 2,1f.). Dazu gehörte die Kollekte für die Bedürftigen, wie sie bereits in der von Paulus geforderten Sammlung für die Jerusalemer Gemeinde (Gal 2,10; 2Kor 8f.; Röm 15,25–33) praktiziert wurde.

Zu einem wichtigen Ausdruck der Einheit wurde in der Alten Kirche das Bischofsamt. Anfangs mit der presbyterialen Ämterordnung konkurrierend, setzte sich der Monepiskopat im Laufe des 2. Jh.s als Amt durch, das die Ein-

the unity of the church (Ignatius Smyrn 8,1). This unity was not merely re-stricted to the local church, led by the bishop together with presbyters and deacons, but also to the universal church. That is why the bishops of other provinces attended the consecration of a bishop (Hippolytus TradApost. 2/3). From the 4th century, the Patriarchs of Constantinople, Antioch, Jerusalem, Alexandria and Rome stood out among the rest of the bishops. Although the Patriarchate of Constantinople gained special weight because of the polit-ical circumstances, the five patriarchs were fundamentally of equal rank (»Pentarchy«).

The emergence of a unifying central instance cannot be observed in the early church. Instead, the (provincial) synods, where the bishops gathered, came to express the church's unity. The Councils convened by the Emperor from the 4th century on gave even stronger visible expression to the awareness of »ecumenical« connectedness between local and regional churches. As for spiritual practice, it was the pilgrimages of believers to the Holy Land which expressed the connection with the whole of Christendom (Itinerarium Burdi-galense, 333/4; Itinerarium of Egeria, 381/4).

Of course, the quest for church unity was accompanied by significant ten-dencies towards differentiation and exclusion. The theologians of the Alexan-drian Catechetical School confronted the manifestations of Gnosticism critically and worked on the standardisation of biblical textual tradition (Ori-gen, Hexapla). Not infrequently, there were disputes over doctrine and reli-gious practice that delivered the impetus for the foundation of institutions providing identity. This is evident in the collection of normative biblical writ-ings that began at the beginning of the 2nd century and eventually led to the formation of the Christian canon. The decision in favour of maintaining the Old Testament and the canon of the four Gospels can be seen as a clear posi-tioning in relation to other teachings centred upon Marcion. Also in the for-mulation of creeds (*regula fidei*), a tendency to delimitation is clearly recognisable, in particular directed against docetic trends in Gnosticism (Justin Apol. I,61; Irenaeus Adv Haer 1,10,1 ff.).

The dogmatic clarifications in the imperial church were associated with demarcations from the outset. The proclamation of a creed at the Council of Nicaea (325) was directed against the teachings of Arius. At the Council of Constantinople (381) the Nicene Creed was confirmed as the binding confes-sion for the Christian church and extended in the third part by the faith »in one holy catholic and apostolic church«. At the same time, those who followed

heit der Kirche repräsentierte (Ignatius Smyrn 8,1). Diese Einheit bezog sich nicht allein auf die Ortsgemeinde, der der Bischof zusammen mit Presbytern und Diakonen vorstand, sondern auch auf die Gesamtkirche. Deswegen wirkten an der Weihe eines Bischofs die Bischöfe anderer Provinzen mit (Hippolyt TradApost. 2/3). Aus dem Kreis der Bischöfe hoben sich seit dem 4. Jh. die Patriarchen von Konstantinopel, Antiochien, Jerusalem, Alexandrien und Rom heraus. Auch wenn dem Patriarchat von Konstantinopel durch politische Umstände besonderes Gewicht zukam, hatten doch die fünf Patriarchen grundsätzlich einen gleichen Rang (»Pentarchie«).

Die Herausbildung einer einheitsstiftenden Zentralinstanz lässt sich in der Alten Kirche nicht beobachten. Stattdessen wurden die (Provinzial-)Synoden, auf denen sich die Bischöfe versammelten, zum Ausdruck der kirchlichen Einheit. Noch mehr gaben die seit dem 4. Jh. durch den Kaiser einberufenen Reichskonzilien dem Bewusstsein übergemeindlicher, »ökumenischer« Verbundenheit einen sichtbaren Ausdruck. In der Frömmigkeitspraxis waren es Pilgerfahrten, die Gläubige ins Heilige Land unternahmen, in denen die Verbundenheit mit der gesamten Christenheit zum Ausdruck kam (Itinerarium Burdigalense, 333/4; Itinerarium der Egeria, 381/4).

Freilich war das Streben nach kirchlicher Einheit von deutlichen Tendenzen zur Ab- und Ausgrenzung begleitet. Die Theologen der alexandrinischen Katechetenschule setzten sich mit den Erscheinungsformen der Gnosis kritisch auseinander und arbeiteten an einer Vereinheitlichung der biblischen Textüberlieferung (Origenes, Hexapla). Nicht selten waren es Auseinandersetzungen um Lehre und Glaubenspraxis, die den Anstoß zur Ausbildung identitätsstiftender Institutionen gaben. Das zeigt sich bei der Sammlung normativer biblischer Schriften, die an der Schwelle zum 2. Jh. begann und schließlich zur Bildung eines christlichen Kanons führte. Die Entscheidung für die Beibehaltung des Alten Testaments und des Vier-Evangelien-Kanons ist als eine deutliche Positionierung gegenüber anderen Lehren, für die Markion steht, zu werten. Auch bei der Formulierung von Glaubensformeln (*regula fidei*) ist eine Tendenz zur Abgrenzung deutlich erkennbar, die sich insbesondere gegen doketische Tendenzen in der Gnosis richtet (Justin Apol. I,61; Irenäus Adv. haer. 1,10,1 f.).

Die dogmatischen Klärungen in der Reichskirche waren von Anfang an mit Grenzziehungen verbunden. Die Proklamation eines Glaubensbekenntnisses auf dem Konzil von Nizäa (325) richtete sich gegen die Lehren des Arius. Auf dem Konzil von Konstantinopel (381) wurde das Nizänum als das für die christliche Kirche verbindliche Bekenntnis bestätigt und im dritten Artikel um den Glauben »an eine heilige katholische und apostolische Kirche«

deviating teachings, which were designated as heretical, were excluded from the fellowship of salvation within the church (Canon 1). At the Council of Ephesus (431), the dogmatisation of witness to Christ was connected with the condemnation of Nestorius, Patriarch of Constantinople. The codification of the Christian faith in imperial law led in due time to schisms. Because the dogmatic decisions of the Council of Chalcedon (451) remained controversial, Syrian and Egyptian Christians broke away from the church of the Roman Empire. This led in the 5th and 6th centuries to the emergence of the so-called Oriental Orthodox churches (Coptic Church, Syriac Orthodox Church, Armenian Apostolic Church).

3.2 MIDDLE AGES

During the so-called Migration Period, the fall of the western Roman Empire and the emergence of a new political power structure led to a differentiation of the church into a »Western« and an »Eastern« Christianity. At the same time, the cultural and religious difference between the Greek and Latin parts of the Empire, which had already been discernible in late antiquity, became sharper. A consciousness for the unity of the whole church still obtained, but the common conceptual and institutional framework no longer existed. At the confessional level, this was clearly to be seen, for in the Western church it was not the Nicene-Constantinopolitan Creed, but rather the Latin Apostolicum used at baptisms which prevailed as the principal liturgical creed. The »Symbolum Quicumque« – in spite of its title »Athanasianum« – did not originate in the ancient church, but arose in the 6th century in Spain or southern Gaul as a Latin doctrinal formula for developing the *fides catholica*. In the West, the situation was further complicated by the plurality of church territories, which reflected the fragmentation of the political situation. Given this ecclesial diversity, the programmatic orientation to the Petrine ministry developed an integrating force.

Leo the Great (440–461) was the first to develop the veneration of St. Peter, and Gelasius I (492–496) drew the appropriate conclusions with his theory of the two swords in relation to the Byzantine Empire. The baptisms of the Frankish king Clovis (498) and the king of the Visigoths Reccared I (587) were crucial for the orientation towards Rome. Gregory the Great (590–604) established the basis for the papacy with the Patrimony of St Peter. The Anglo-Saxon mission which he initiated, followed by the mission of Wynfrith/Boniface in the Frankish kingdom, ensured the Petrine dominance in

erweitert. Zugleich wurden diejenigen, welche abweichende, als häretisch bezeichnete Lehren vertraten, aus der Heilsgemeinschaft der Kirche ausgeschlossen (Kan.1). Auf dem Konzil von Ephesus (431) wurde die Dogmatisierung des Christuszeugnisses mit der Verurteilung des Nestorius, Patriarch von Konstantinopel, verbunden. Die reichsrechtliche Festschreibung des christlichen Glaubens führte in der Folgezeit zu Schismen. Weil die dogmatischen Beschlüsse des Konzils von Chalkedon (451) umstritten blieben, sagten sich syrische und ägyptische Christen von der römischen Reichskirche los. Daraus entstanden im 5./6. Jh. die sogenannten altorientalischen Kirchen (Koptische Kirche, Syrisch-Orthodoxe Kirche, Armenische Apostolische Kirche).

3.2 MITTELALTER

In der Zeit der sogenannten Völkerwanderung kam es mit dem Zerfall des weströmischen Reichs und der Entstehung eines neuen politischen Herrschaftsgefüges zu einer Ausdifferenzierung der Kirche in eine »westliche« und eine »östliche« Christenheit. Zugleich verschärfte sich die bereits in der Spätantike erkennbare kulturelle und religiöse Differenz zwischen der griechischen und lateinischen Reichshälfte. Zwar blieb ein gesamtkirchliches Einheitsbewusstsein erhalten, doch gab es dafür kein gemeinsames konzeptionelles und institutionelles Gerüst mehr. Auf der Ebene des Bekenntnisses zeigte sich das darin, dass sich im Westen nicht das Nicäno Constantinopolitanum, sondern das aus dem Taufbekenntnis erwachsene lateinische Apostolikum als liturgisches Hauptbekenntnis durchsetzte. Das »Symbolum Quicumque« hatte – obwohl als »Athanasianum« bezeichnet – keinen altkirchlichen Ursprung, sondern war im 6. Jh. in Spanien oder Südgallien als lateinische Lehrformel zur Entfaltung der *fides catholica* entstanden. Im Westen verkomplizierte sich die Lage zusätzlich durch die Pluralität territorialer Kirchentümer, in der sich die Zersplitterung der politischen Lage spiegelte. Angesichts dieser kirchlichen Vielfalt entwickelte die programmatische Orientierung an Petrus eine integrierende Kraft.

Leo d. Gr. (440–461) entfaltete erstmalig die Petrusfrömmigkeit, und Gelasius I. (492–496) zog daraus mit der Zwei-Schwerter-Idee im Verhältnis zum byzantinischen Kaisertum die Konsequenzen. Für die Orientierung an Rom kam der Taufe des Frankenkönigs Chlodwig (498) und des Königs der Westgoten Rekkared I. (587) entscheidende Bedeutung zu. Gregor d. Gr. (590–604) begründete mit dem Patrimonium Petri die Basis für das Papstamt. Die von ihm angestoßene Angelsachsenmission und die nachfolgende Mission von Wynfrith-Bonifatius im Frankenreich waren eine erste Konkretisierung der petrinischen Prägung des Abendlandes. Die von Cluny ausgehende Kloster-

the West. The monastic reform movement originating from Cluny adopted the idea of Christian unity founded on Peter. The Cistercians under Bernard of Clairvaux understood themselves as a monastic community in the service of the papacy. The reforms introduced by Gregory VII (1073–1085) used the orientation to Peter to build the foundation of papal primacy, connected to a concept of occidental unity which was not merely symbolic, but also had political, religious and legal consequences. The Fourth Lateran Council (1215) provided the ecclesiological basis with the canon on the »Catholic faith«; here the Trinitarian confession is followed by the statement with a view to the Roman church: »There is one universal church of the faithful, outside of which there is absolutely no salvation.«

As the papacy claimed not only to be the representative of unity, but also aspired to universal primacy (Innocent III, Boniface VIII), there was deepening disagreement with the Eastern church, which still considered that unity was realised in the communion of five patriarchates (»Pentarchy«) of equal rank. The recognition of the seven Ecumenical Councils – which were for Byzantium the undisputed basis of church doctrine – was not undisputed in the West. New formulas on the veneration of icons (8th century) and the Nicene Creed (8th/10th century) as well as the conflict over the use of unleavened bread in the Eucharistic liturgy (»Azymes controversy«, 11th century) showed that the West was going its own way in central theological and liturgical issues. In particular, the insertion of the *filioque* into the Nicene Creed shows that the Western church was ready to call the ecclesial communion with Byzantium into question. To be sure, the enforcement of the Roman liturgy in the West contributed to the unification of the Latin church, but creed and liturgy became symbols of separation with regard to the Byzantine church. A comparable process was evident on the political level, for the Carolingian kings laid exclusive claim to the Western empire. This is demonstrated by the coronation of Charlemagne (800), the *translatio imperii* religiously legitimised by the Roman papacy.

The pilgrimages which flourished from the 11th century, when pilgrims flocked to the Holy Land and Jerusalem, but also to Syria and Egypt, did, however, constitute a visible, devotional expression of consciousness for a continuing solidarity of Latin and Eastern Christianity. At first, even the Crusades demonstrated responsibility for unity – admittedly from a Western perspective – by supporting the Byzantine Empire against the attacks of the Turkish Seljuks and by striving for the »liberation« of the Christian holy places in Palestine. The concept of unity was, however, ultimately discredited by the

reformbewegung machte sich die Vorstellung von einer in Petrus begründeten Einheit der Christenheit zu eigen. Die Zisterzienser verstanden sich unter Bernhard von Clairvaux als eine Klostergemeinschaft im Dienst des Papsttums. Durch die von Gregor VII. (1073–1085) angestoßenen Reformen wurde die Orientierung an Petrus zur Grundlage des päpstlichen Primates, mit dem sich eine nicht nur symbolische, sondern auch politische, kirchliche und rechtliche Einheitskonzeption des Abendlandes verband. Das IV. Laterankonzil (1215) gab ihr die ekklesiologische Begründung, wenn im Dekret über den »katholischen Glauben« im Anschluss an das trinitarische Bekenntnis mit Blick auf die römische Kirche formuliert wird: »Eine ist die universale Kirche der Glaubenden; außerhalb ihrer wird überhaupt niemand gerettet.«

Indem das Papsttum seine Ansprüche der Einheitsrepräsentation zum Universalprimat steigerte (Innozenz III., Bonifaz VIII.), vertiefte sich freilich der Dissens mit der Ostkirche, für die sich die Einheit unverändert in der gleichberechtigten Gemeinschaft der Patriarchate (»Pentarchie«) konkretisierte. Auch die Anerkennung der sieben ökumenischen Konzilien – für Byzanz die unbestrittene Grundlage der kirchlichen Lehre – blieb im Westen nicht unwidersprochen. Neue Formeln in der Bilderverehrung (8. Jh.) und im nizänischen Glaubensbekenntnis (8./10. Jh.) und der Konflikt um die Verwendung ungesäuerten Brotes in der eucharistischen Liturgie (»Azymenstreit«, 11. Jh.) zeigten, dass der Westen in zentralen theologischen und liturgischen Fragen eigene Wege ging. Insbesondere die Einfügung des *filioque* in das nizänische Bekenntnis zeigt, dass die westliche Kirche bereit war, die kirchliche Gemeinschaft mit Byzanz infrage zu stellen. Zwar trug die Durchsetzung der römischen Liturgie im Westen zur Vereinheitlichung der lateinischen Kirche bei, doch wurden im Verhältnis zur byzantinischen Kirche Glaubensbekenntnis und Liturgie zu Symbolen der Trennung. Auf der politischen Ebene zeigte sich ein vergleichbarer Vorgang darin, dass das karolingische Königtum ein abendländisches Kaisertum für sich beanspruchte. Dafür steht die in der Krönung Karls d. Gr. (800) zum Ausdruck kommende und durch das römische Papsttum religiös legitimierte *translatio imperii*.

In der seit dem 11. Jh. aufblühenden Wallfahrtsbewegung, die Pilger ins Heilige Land nach Jerusalem sowie nach Syrien und Ägypten führte, fand das Bewusstsein einer fortbestehenden Verbundenheit der lateinischen Christenheit mit dem östlichen Christentum jedoch weiterhin einen sichtbaren Frömmigkeitsausdruck. Selbst in den Kreuzzügen zeigte sich ursprünglich eine – freilich westlich geprägte – Einheitsverantwortung zur Unterstützung des byzantinischen Reichs gegen Angriffe türkischer Seldschuken und zur »Befreiung« der heiligen Stätten der Christenheit in Palästina. Freilich wurde der

Sack of Constantinople (1204) and the establishment of a Latin Empire in Byzantium (1204–1261) and a Latin Patriarchate of Jerusalem (1099–1291). Although the Ecumenical Councils of Lyons (1245/1274) were intended to pave the way for agreement with the Eastern church once again, they were doomed to fail because they linked agreement to the Latin doctrinal consensuses with the submission of the Byzantines to the primacy of the Pope.

In the High and Late Middle Ages, the idea of visible church unity under the Pope was also confronted with internal and external opposition within the Western church. This was evident not only in the emergence of independent religious movements such as the Waldensians and the Cathars, which were no longer prepared to submit to the church hierarchy. It also became clear in several (papal) schisms, sometimes lasting decades, during which the Western church was split into competing loyalties in mutual feud. The conciliarism movement, which emerged in the 15th century, countered this disintegration with ideas for church reform, holding that the foundation for church unity should not be the ministry of the Pope, but rather a General Council supported by the whole of Christendom. In the Councils of Constance (1414–1418) and Basel (1431–1449) the Council Fathers proclaimed their belief that the General Council »represents the whole church« and stands »above the Pope« because it derives its »authority directly from Christ«. The resurgent papacy did succeed in condemning the conciliar movement as »execrable« (1460), but it was nonetheless unable to put an end to the credibility crisis of the Petrine ministry.

3.3 REFORMATION

These developments led the Reformers to interpret the papal church of the Middle Ages as a departure from the origins of Christianity and to lay claim to an attempt to restore the order of the apostolic beginnings. The focus was on the Scriptures as a witness to Christ as foundation of the church. Luther's translation of the Bible (1522/1534) was widely distributed in a few years, thanks to the printing press. The Reformers understood the Scriptures, however, not as a formal authority, but as a testimony to Christ's self-interpretation in his word and in the sacraments. Luther called Christ the fundamental sacrament that was unfolded in the signs of communion, baptism and penance (De captivitate babylonica ecclesiae, 1520; WA 6,497–573). Later, Calvin stated similarly in his dispute with Cardinal Jacob Sadolet »that the only true

Einheitsgedanke spätestens mit der Plünderung von Konstantinopel (1204) und der Einrichtung eines lateinischen Kaisertums in Byzanz (1204–1261) und eines lateinischen Patriarchates von Jerusalem (1099–1291) diskreditiert. Zwar sollten die Unionskonzile von Lyon (1245/1274) der Verständigung mit der östlichen Christenheit erneut den Weg bahnen, sie mussten aber scheitern, weil sie die Zustimmung zu den lateinisch geprägten Lehrkonsensen mit der Unterwerfung der Byzantiner unter den Papstprimat verbanden.

Im hohen und späten Mittelalter geriet auch innerhalb der abendländischen Kirche die eine sichtbare kirchliche Einheit postulierende Papstidee in innere und äußere Widersprüche. Das zeigte sich nicht nur in der Entstehung eigenständiger religiöser Bewegungen, die wie die Waldenser und Katharer nicht mehr bereit waren, sich der kirchlichen Hierarchie zu unterwerfen. Es wurde auch deutlich in mehreren, bisweilen Jahrzehnte dauernden (Papst-) Schismen, in denen sich die abendländische Kirche in konkurrierende, sich gegenseitig befehdende Obödienzen spaltete. Der im 15. Jh. entstehende Konziliarismus trat diesem Niedergang mit dem kirchenreformerischen Gedanken entgegen, dass die Einheit der Kirche nicht im päpstlichen Amt, sondern in einem von der ganzen Christenheit getragenen allgemeinen Konzil begründet sei. Auf den Konzilen von Konstanz (1414–1418) und Basel (1431–1449) proklamierten die Konzilsväter die Überzeugung, dass das allgemeine Konzil »die ganze Kirche repräsentiert« und »über dem Papst« steht, weil es seine »Vollmacht unmittelbar von Christus« hat. Dem wiedererstarkenden Papsttum gelang es zwar, den Konziliarismus als »Aufruhr« zu verurteilen (1460), es vermochte dadurch aber nicht, die Glaubwürdigkeitskrise des Petrusamtes zu beenden.

3.3 REFORMATION

Diese Entwicklungen führten dazu, dass die Reformatoren die päpstliche Kirche des Mittelalters als Abkehr vom christlichen Ursprung deuteten und den Anspruch formulierten, die Ordnung der apostolischen Anfänge wiederherstellen zu wollen. Im Zentrum stand die Heilige Schrift als Zeugnis für Christus als Grund der Kirche. Luthers Bibelübersetzung (1522/1534) fand durch den Buchdruck innerhalb weniger Jahre weite Verbreitung. Die Reformatoren verstanden die Heilige Schrift jedoch nicht als eine formale Autorität, sondern als Zeugnis der Selbstauslegung Christi in seinem Wort und in den Sakramenten. Luther bezeichnete Christus als Grundsakrament, das in den Zeichen von Abendmahl, Taufe und Buße entfaltet wurde (De captivitate babylonica ecclesiae, 1520; WA 6,497–573). Entsprechend formulierte später auch Calvin in seiner Auseinandersetzung mit Kardinal Jacob Sadolet: »Es gibt kein ande-

bond of ecclesiastical unity would exist if Christ the Lord, who hath reconciled us to God the Father, were to gather us out of our present dispersion into the fellowship of his body, that so, through his one Word and Spirit, we might join together with one heart and one soul« (Calvin, Letter to Sadolet, 1539; CR 33 = CO 5,416).

The Reformation theology of the word had theological consequences for the ministry. The Wittenberg theologians replaced the hierarchical, threefold ministry with the office of the preacher as the one and only ministry of the church for the proclamation of Christ. Because the rulers combined spiritual duties and sovereign power in the ecclesiastical principalities of the Holy Roman Empire, the episcopate was viewed critically, but not rejected on principle, provided that it was understood as part of a preaching ministry. For this reason Luther was prepared to ordain Nikolaus von Amsdorf as Lutheran bishop of Naumburg-Zeitz after Elector John Frederick of Saxony had appointed him to that office (1542). But under the conditions of church government by the sovereign the episcopate had little room for manoeuvre and could not survive in the long run. With regard to the papacy, Luther was much more sceptical. After he had been willing to concede a primacy of honour (*primatum Honoris*) to the Pope in the Leipzig Disputation (1519; WA.B 1,422,70), he stated in the Smalcald Articles (1537), »that the pope is not the head of all Christendom ›by divine right‹ or on the basis of God's Word, because that belongs only to the one who is called Jesus Christ« (BSELK 738,30–740,1 = BC 307). On the other hand, Melanchthon regarded it as quite possible, as he noted alongside his signature, that the Pope, »if he would allow the gospel«, might be conceded superiority in Christendom by human right (*iure humano*) and »for the sake of peace and general unity« (BSELK 780,14–18 = BC 326).

Despite their criticism of the papal church, the reformers did not see themselves as representatives of a particular reform movement. They did not want to create a new church, but they claimed to stand firmly on the foundation of the one church. This is reflected in the reference to three early church confessions which were interpreted by Luther (Confession Concerning Christ's Supper, 1528; WA 26,499–509) and were later included in the canon of Lutheran Confessions (Book of Concord, 1580; BSELK 37–60 = BC 19–25). Of course, the Nicene Creed was received together with the *filioque* insertion rejected by Byzantium (BSELK 49,31 = 23,7), while the Apostles' Creed and the Athanasianum as Latin confessions were entirely unknown in the Greek church. The Augsburg Confession presented at the Diet of Augsburg (1530)

res Band kirchlicher Einheit, als dass Christus, der Herr, der uns mit Gott, dem Vater, versöhnt hat, uns aus der Zerstreuung in die Gemeinschaft seines Leibes sammelt, damit wir so allein durch sein Wort und seinen Geist zu einem Herzen und einer Seele zusammenwachsen« (Calvin, Brief an Sadolet, 1539; CR 33 = CO 5,416).

Die reformatorische Worttheologie hatte amtstheologische Konsequenzen. An die Stelle des hierarchischen, dreifachen Amtes stellten die Wittenberger Theologen das Predigtamt als das eine Amt der Kirche zur Verkündigung Christi. Das Bischofsamt wurde wegen der in den geistlichen Fürstentümern des Heiligen Römischen Reichs bestehenden Verbindung von geistlichen Aufgaben und landesherrlicher Gewalt kritisch gesehen, aber nicht grundsätzlich abgelehnt, sofern es als Teil des einen Predigtamtes verstanden wurde. Luther war deswegen bereit, Nikolaus von Amsdorf als lutherischen Bischof von Naumburg-Zeitz zu ordinieren, nachdem Kurfürst Johann Friedrich von Sachsen ihn in das Amt eingesetzt hatte (1542). Unter den Bedingungen des landesherrlichen Kirchenregiments hatte das Bischofsamt aber nur wenig Spielraum und konnte sich nicht auf Dauer halten. Hinsichtlich des Papstamtes äußerte sich Luther deutlich kritischer. War er noch in der Leipziger Disputation (1519) bereit, dem Papst einen Primat der Ehre (*primatum Honoris*) zuzugestehen (WA.B 1,422,70), so konstatierte er in den Schmalkaldischen Artikeln (1537), »Das der Bapst nicht sey Iure divino oder aus Gottes wort das Heubt der gantzen Christenheit (Denn das gehört einem allein zu, der heisst Jhesus Christus)« (BSELK 738,30-740,1). Melanchthon sah demgegenüber, wie er bei seiner Unterschrift vermerkte, durchaus die Möglichkeit, dem Papst, »so ehr das evangelium wolte zulassen«, nach menschlichem Recht (*iure humano*) und »umb fridens und gemeiner einikeit willen« einen Vorrang in der Christenheit zu geben (BSELK 780,14-18).

Trotz ihrer Kritik an der päpstlichen Kirche verstanden sich die Reformatoren aber nicht als Repräsentanten einer partikularen Reformbewegung. Sie wollten keine neue Kirche gründen, sondern sie beanspruchten, auf dem Boden der einen Kirche zu stehen. Das zeigt sich in der Anknüpfung an drei altkirchliche Bekenntnisse, die von Luther ausgelegt (Vom Abendmahl Christi. Bekenntnis, 1528; WA 26,499-509) und später in den lutherischen Bekenntniskanon aufgenommen wurden (Konkordienbuch, 1580; BSELK 37-60). Freilich wurde das nizänische Glaubensbekenntnis mit dem von Byzanz abgelehnten *filioque*-Zusatz rezipiert (BSELK 49,31), außerdem waren das Apostolikum und das Athanasianum als lateinische Bekenntnisse in der griechischen Kirche gänzlich unbekannt. Die auf dem Reichstag zu Augsburg

was not intended to be the special confession of one denomination, but rather a confession of the faith of all Christendom, which all Christians might accept. Therefore, Article 1 refers explicitly to the Decree of the Council of Nicaea (325; BSELK 93,26ff. = BC 37,1ff.).

However, every article of the Augsburg Confession referred to differences with the teachings of the Roman church and of other Christian groups. In particular, in the dispute with the so-called Spiritualists the Wittenberg reformers stressed the visibility of the church and the corporeality of the mediation of salvation. The reformers rejected a formal authorisation of church doctrine by the consecrated episcopal ministry, but they maintained the responsibility of the ordained teaching ministry for preaching and for the unity of the church of Jesus Christ (CA V; BSELK 101,2–9 = BC 41). In practice, it was the visitation commissions appointed by the rulers and the resulting consistories that took care of the unity of the church in the Reformation territories, thus remaining confined within the boundaries of their respective dominions.

The awareness for the continuity of liturgical tradition also went into decline during the Reformation and was replaced by the efforts to translate liturgy and preaching into the vernacular (Luther, Deudsche Messe und ordnung Gottis diensts, 1526; WA 19,72–113). It was thus consistent that, after the failure of negotiations at the Diet of Augsburg (1530), the Protestants gave priority to agreement within the Reformation movement (Wittenberg Concord, 1536). Although the idea of a Council remained very much alive in the Reformation, it had no practical consequences for restoring the unity of the church. After the hearing before Cajetan in Augsburg in October 1518, Luther had appealed to a future Council »gathered lawfully in the Holy Spirit« (WA 2,36,18). However, in »Von den Konzilis und Kirchen« (On the Councils and the churches,1539), he reduced their significance considerably: »If you were acquainted with all the councils, still they would not be able with their doctrines to establish you as a Christian – they would afford you little assistance. If you were conversant also with all the fathers, neither would they furnish the proper knowledge. You must indeed rely upon holy Scripture, where all is thoroughly contained which you require« (WA 50,618,30–33).

In his tract »Wider Hans Worst« (1541), which was directed against Duke Henry II of Wolfenbüttel, an adherent of the old faith, Luther named ten points in which the Reformation conformed with the Early Church. The *notae ecclesiae* which he listed include baptism, communion and penance, preaching ministry, confession and the Lord's Prayer, but also recognition of secular

(1530) vorgelegte Confessio Augustana verstand sich gleichwohl nicht als ein konfessionelles Partikularbekenntnis, sondern als ein Bekenntnis des gesamtchristlichen Glaubens, das den Anspruch hatte, von allen Christen gesprochen werden zu können. Darum verweist Art. 1 ausdrücklich auf das Dekret der Synode von Nizäa (325; BSELK 93,26ff.).

Allerdings waren die einzelnen Artikel der Confessio immer auch mit Abgrenzungen von den Lehren der römischen Kirche sowie denen anderer christlicher Gruppen verbunden. Insbesondere in der Auseinandersetzung mit den sogenannten Spiritualisten betonten die Wittenberger Reformatoren die Sichtbarkeit der Kirche und die Leiblichkeit der Heilsvermittlung. Eine formale Autorisierung der kirchlichen Lehre durch ein priesterlich-bischöfliches Weiheamt lehnten die Reformatoren ab, sie hielten jedoch an der Verantwortung des ordinationsgebundenen Predigtamtes für die Verkündigung und die Einheit der Kirche Jesu Christi fest (CA V; BSELK 101,2–9). Faktisch wurde in den reformatorischen Territorien die Sorge für die Einheit der Kirche durch die landesherrlichen Visitationskommissionen und die aus ihnen erwachsenen Konsistorien wahrgenommen, blieb damit also auf die Grenzen der jeweiligen Herrschaftsgebiete beschränkt.

Auch das Bewusstsein für die Kontinuität der liturgischen Überlieferung ging im Verlauf der Reformation zurück und wurde durch das Bestreben abgelöst, Liturgie und Verkündigung in die Volkssprache zu übersetzen (Luther, Deudsche Messe und ordnung Gottis diensts, 1526; WA 19,72–113). Dem entsprach, dass die Evangelischen nach dem Scheitern der Verhandlungen auf dem Augsburger Reichstag (1530) den Vorrang auf die innerreformatorische Einigung legten (Wittenberger Konkordie, 1536). Der Konzilsgedanke blieb zwar in der Reformationszeit durchaus lebendig, doch hatte er keine praktischen Konsequenzen für die Wiederherstellung der Einheit der Kirche. Nach dem Verhör vor Cajetan in Augsburg im Oktober 1518 appellierte Luther noch an ein künftiges Konzil, das »im heiligen Geist rechtmäßig versammelt« ist (WA 2,36,18). In der Schrift »Von den Konzilis und Kirchen« (1539) schränkte er dessen Bedeutung jedoch erheblich ein: »Wenn du alle Concilia hast, so bistu dennoch dadurch kein Christ, sie geben zu wenig. Wenn du auch alle Veter hast, sogeben sie dir auch nicht gnug. Du must doch in die heilige Schrift, darin es alles ist reichlich gegeben« (WA 50,618,30–33).

In der gegen den altgläubigen Herzog Heinrich II. von Wolfenbüttel gerichteten Schrift ›Wider Hans Worst‹ (1541) nannte Luther zehn Merkmale der Übereinstimmung der Reformation mit der Alten Kirche. Zu den *notae ecclesiae* zählte er neben Taufe, Abendmahl und Buße sowie Predigtamt, Bekenntnis und Vaterunser auch die Anerkennung der weltlichen Herrschaft,

rule, praise of matrimony, suffering for Christ's sake and the persecution of the church. Luther's conclusion was therefore »that we are the right ancient church, one body with all the holy Christian churches and a community of saints« (WA 51,487,3–5).

Emperor Charles V repeatedly tried to preserve the threatened unity of the Christian church by means of doctrinal conversations. At the religious colloquies of Hagenau, Worms and Regensburg (1540–41), Lutheran and Roman theologians managed to find agreement in the doctrine of justification, but were unable to overcome their differences on the issues of the Eucharist and the Magisterium. A few years later, Charles V arranged for representatives of the Protestant Imperial estates, including Johannes Brenz, to be allowed to speak at the Council of Trent (1551/52). They submitted the Confessio Virtembergica, but their demand for a discussion of the Reformation doctrine was in vain. After the final failure of efforts at unification, the Religious Peace of Augsburg (1555) finally sealed the Imperial legal recognition of the Wittenberg Reformation. That secured its survival, but deepened the rift with the Roman church.

There was also increasing alienation from the Swiss Reformation, which, like the Baptists, was not included in the provisions of the peace treaty. Despite the looming denominational differences, the Lutheran theologians continued to claim agreement with the ancient church teaching, as documented by the Catalogus Testimoniorum contained in the Book of Concord (1580; BSELK 1611–1652). The relationship with the Byzantine church remained nonetheless difficult. In the late 16th century, there was an exchange of letters between Württemberg theologians and Patriarch Jeremiah II of Constantinople which demonstrated the doctrinal agreements, but was unable to resolve fundamental differences in the understanding of tradition, of the *filioque*, the sacraments and the liturgy.

3.4 MODERN TIMES

The period of the 16th and 17th centuries is marked by phenomena which may be characterised as confessionalisation of early modern society. In the countries of the Empire and in Europe, there was a tendency to enforce confessional identity in all areas of life within the territory and to justify this theologically over against competing concepts of faith. At first, there was no change in this situation even after the Peace of Westphalia (1648). Even though this supplemented the Peace of Augsburg by including the Reformed confession, that had nothing to do with religious tolerance nor with the quest

das Lob des Ehestandes, das Leiden um Christi willen und die Verfolgung der Kirche. Luther folgerte daraus, »das wir die rechte alte kirche sind mit der gantzen heiligen Christlichen kirchen ein Corper vnd eine gemeine der Heiligen« (WA 51,487,3–5).

Kaiser Karl V. setzte sich wiederholt dafür ein, die bedrohte Einheit der christlichen Kirche durch Lehrgespräche zu bewahren. In den Religionsgesprächen von Hagenau, Worms und Regensburg (1540/41) erzielten lutherische und römische Theologen Übereinstimmungen in der Rechtfertigungslehre, doch konnten die Gegensätze in der Eucharistie und dem Lehramt nicht überwunden werden. Wenige Jahre später veranlasste Karl V., dass Vertreter der evangelischen Reichsstände, unter ihnen Johannes Brenz, auf dem Trienter Konzil sprechen konnten (1551/52). Sie legten die Confessio Virtembergica vor, verlangten aber vergeblich eine Erörterung der reformatorischen Lehre. Nach dem endgültigen Scheitern der Einigungsbemühungen besiegelte der Augsburger Religionsfriede (1555) die reichsrechtliche Anerkennung der Wittenberger Reformation. Das sicherte ihren Fortbestand, vertiefte aber den Bruch mit der römischen Kirche.

Auch vergrößerte sich der Abstand zur schweizerischen Reformation, die ebenso wie die Täufer in die Bestimmungen des Friedensvertrages nicht einbezogen wurde. Trotz der sich abzeichnenden konfessionellen Differenzierungen hielten die lutherischen Theologen, wie der in das Konkordienbuch (1580) aufgenommene Catalogus Testimoniorum dokumentiert, an der Übereinstimmung mit der altkirchlichen Lehre fest (BSELK 1611–1652). Das Verhältnis zur byzantinischen Kirche blieb dennoch schwierig. Im späten 16. Jh. kam es zwischen württembergischen Theologen und Patriarch Jeremias II. von Konstantinopel zu einem Briefwechsel, der Übereinstimmungen in der Lehre aufzeigte, die grundlegenden Differenzen im Verständnis der Tradition, des *filioque*, der Sakramente und der Liturgie aber nicht auszuräumen vermochte.

3.4 NEUZEIT

Die Zeit des 16./17. Jh. ist von Phänomenen geprägt, die als Konfessionalisierung der frühneuzeitlichen Gesellschaft gedeutet werden. In den Ländern des Reichs und in Europa war die Tendenz vorherrschend, die konfessionelle Identität des Territoriums in allen Lebensbereichen durchzusetzen und gegenüber konkurrierenden Glaubensentwürfen theologisch zu begründen. Das änderte sich zunächst auch nicht durch den Westfälischen Frieden (1648). Wenn dieser über den Augsburger Religionsfrieden hinaus auch die reformierte Konfession einbezog, verdankte sich das weder religiöser Toleranz noch dem

for church unity, but was due to the political situation at the end of the Thirty Years' War. Against this background, the Helmstedt theologian Georg Calixtus saw the basis for the unity of the church in the Apostles' Creed and the church's doctrinal decisions of the first centuries (*consensus antiquitatis*), hoping to create a basis for overcoming the doctrinal differences of the denominations.

The movements of Pietism and Enlightenment dissociated themselves clearly from dogmatic, authoritative formulation of Christian identity, and thus served in different ways to relativise the visible churches. This meant that the significance of doctrinal differences was reduced. While in the Roman Catholic Church the papacy gained growing importance as the principle and expression of visible church unity (Joseph de Maistre, Du pape, 1819) and was correspondingly dogmatised at the First Vatican Council (Pastor aeternus, 1870), denominational affiliation became less important in pietistic Protestantism. Gottfried Arnold was convinced that the true church is invisible, because the Spirit of God works in the hearts of believers. At the same time he referred back to the time of the early church, because he saw the basis of true unity of faith in the early days of Christianity (Die Erste Liebe der Gemeinen Jesu Christi, 1696). In the early 18th century, Nicolaus Zinzendorf sought to overcome denominational barriers by the celebration of the Lord's Supper in the Brethren (Moravian) Church at Herrnhut, headed by Christ. In the German Enlightenment, the conversations between Gottfried Wilhelm Leibniz and the Catholic Bishop Christoph de Rojas y Spinola on the recovery of the church's unity were important. They were conducted on the basis of the early church dogmas and presupposed the reasonableness of faith.

Against the background of religious experiences in Brandenburg and Prussia (Edict of Potsdam, 1685), German Protestants in the 19th century strove to overcome the opposition between the Lutheran and Reformed denominations. On Reformation Day in 1817, a joint service of communion was celebrated in the Garrison Church at Potsdam, sparking off the establishment of United churches in many of the German states; at the same time, it led to the contrary reaction in Lutheranism, namely a deepening of its religious profile (Claus Harms, Wilhelm Löhe, Wilhelm Kliefoth). In Prussia criticism of the Union resulted in the founding of a Lutheran Free Church (1830) and later to emigration to the United States, where critics of the Union joined to form the Lutheran Church – Missouri Synod.

Since the existing denominational churches in Germany did not dissolve, the Union became established alongside the Lutheran and Reformed confes-

Streben nach kirchlicher Einheit, sondern war den politischen Verhältnissen am Ausgang des Dreißigjährigen Krieges geschuldet. Vor diesem Hintergrund begründete der Helmstedter Theologe Georg Calixt die Einheit der Kirche auf der Grundlage des Apostolikums und der kirchlichen Lehrentscheidungen der ersten Jahrhunderte (*consensus antiquitatis*) und wollte damit die Grundlage für eine Überwindung der konfessionellen Lehrdifferenzen schaffen.

Die Bewegungen von Pietismus und Aufklärung bewirkten mit ihrer deutlichen Distanzierung von einer dogmatisch-lehrförmigen Ausformulierung christlicher Identität auf unterschiedliche Weise eine Relativierung der sichtbaren Kirchen. Dadurch verloren auch die Lehrdifferenzen an Bedeutung. Während in der römisch-katholischen Kirche das Papsttum als Prinzip und Ausdruck der sichtbaren kirchlichen Einheit wachsende Bedeutung hatte (Joseph de Maistre, Du pape, 1819) und auf dem ersten Vatikanischen Konzil (Pastor aeternus, 1870) dogmatisiert wurde, war die Konfessionszugehörigkeit im pietistischen Protestantismus weniger wichtig. Gottfried Arnold vertrat die Überzeugung, dass die wahre Kirche unsichtbar sei, weil der Geist Gottes in den Herzen der Gläubigen wirke. Zugleich verwies er auf die Zeit der frühen Kirche, weil er in den Anfängen der Christenheit die wahre Glaubenseinheit begründet sah (Die Erste Liebe der Gemeinen Jesu Christi, 1696). Nikolaus Ludwig von Zinzendorf strebte im frühen 18. Jh. in Herrnhut die Überwindung der Konfessionen im Abendmahl der durch Christus geführten Brüdergemeine an. In der deutschen Aufklärung waren die Gespräche von Gottfried Wilhelm Leibniz mit dem katholischen Bischof Christoph de Rojas y Spinola zur Rückgewinnung der kirchlichen Einheit von Bedeutung. Sie wurden auf der Basis der altkirchlichen Dogmen geführt und hatten die Vernunftgemäßheit des Glaubens zur Voraussetzung.

Auf dem Hintergrund brandenburgisch-preußischer Religionserfahrungen (Potsdamer Toleranzedikt 1685) setzten sich im 19. Jh. im Protestantismus Deutschlands Bestrebungen durch, den Gegensatz zwischen lutherischer und reformierter Konfession zu überwinden. Die Feier eines gemeinsamen Abendmahls am Reformationstag 1817 in der Garnisonkirche zu Potsdam markierte in vielen Territorien den Auftakt zur Gründung von Unionskirchen, löste im Luthertum aber auch Gegenimpulse einer vertieften konfessionellen Profilierung aus (Claus Harms, Wilhelm Löhe, Wilhelm Kliefoth). Die Kritik an der Union führte in Preußen zur Gründung einer lutherischen Freikirche (1830) und später auch zur Emigration in die Vereinigten Staaten, wo sich die Unionskritiker in der Lutheran Church – Missouri Synod zusammenschlossen.

Da sich in Deutschland die bestehenden Konfessionskirchen nicht auflösten, etablierte sich die Union neben lutherischem und reformiertem Bekennt-

sions as a kind of »third denomination«. Across territorial and confessional boundaries, representatives of German Protestantism gathered for a »Kirchentag« in Wittenberg in 1848 (further conferences of this kind were held until 1872) in order to give the Protestant church a visible, uniform shape in the face of a diversity of Protestant forms. At the same time the endeavours to form worldwide denominational associations were strengthened in the course of the 19th century. The bishops of the Anglican churches met regularly from 1867 in the London residence of the Archbishop of Canterbury for the Lambeth Conference, the centre of the Anglican Communion. The Presbyterian and Reformed churches joined together in 1875 to form the Alliance of the Reformed Churches, a loose fellowship of European and American churches. The churches originating from the Methodist tradition founded by John Wesley formed the World Methodist Council in 1881. The Lutheran churches founded the Lutheran World Convention in 1923 in Eisenach, later to become the Lutheran World Federation in 1947.

At the same time, as the confessions formed their worldwide associations, efforts to overcome the denominational barriers were being strengthened. As Christianity became globalised in the age of colonialism, the 19th century missionary movements became increasingly aware of global Christian unity. The observation that, on the mission fields, the denominations frequently worked parallel or even in competition to one another gave emphasis to the conviction that they should share responsibility for spreading the gospel.

The World Missionary Conference in Edinburgh (1910) led to the birth of the Ecumenical Movement. In the following decades, forms of cross-denominational cooperation emerged at various levels and were made concrete institutionally. It began with the World Conference of Life and Work convened by Nathan Söderblom (Stockholm 1925), which was followed shortly after by the Movement for Faith and Order (Lausanne 1937), initiated by Charles Brent. Both movements united after the end of World War II in the World Council of Churches (Amsterdam 1948). Initially, the Council was dominated by Protestant and Anglican churches, but the Orthodox churches joined later (1961).

After the experiences under the Nazis, efforts to cooperate across denominational boundaries in German Protestantism gained a new momentum,

nis als eine Art »dritter Konfession«. Über territoriale und konfessionelle Grenzen hinweg sammelten sich Vertreter des deutschen Protestantismus 1848 auf einem Kirchentag in Wittenberg (weitere Kirchentage folgten bis 1872), um der evangelischen Kirche angesichts der Vielzahl evangelischer Kirchentümer eine sichtbare einheitliche Gestalt zu geben. Gleichzeitig verstärkten sich im Laufe des 19. Jh.s die Bestrebungen zu weltweiten konfessionellen Zusammenschlüssen. Die Bischöfe der anglikanischen Kirchen versammelten sich seit 1867 regelmäßig in der Londoner Residenz des Erzbischofs von Canterbury zur Lambeth-Konferenz als dem Zentrum der Anglikanischen Gemeinschaft. Die presbyterianischen und reformierten Kirchen schlossen sich 1875 im Reformierten Weltbund (Alliance of the Reformed Churches) zu einer lockeren Gemeinschaft europäischer und amerikanischer Kirchen zusammen. Die auf John Wesley zurückgehenden, in der methodistischen Tradition stehenden Kirchen bildeten 1881 den Weltrat methodistischer Kirchen (World Methodist Council). Die lutherischen Kirchen gründeten 1923 in Eisenach den Lutherischen Weltkonvent, aus dem 1947 der Lutherische Weltbund hervorging.

Gleichzeitig mit den weltweiten konfessionellen Zusammenschlüssen verstärkten sich Bestrebungen, die konfessionellen Grenzen zu überwinden. Unter dem Eindruck der Globalisierung des Christentums im Zeitalter des Kolonialismus wuchs in den Missionsbewegungen des 19. Jh.s das Bewusstsein für die weltumspannende Einheit der Christenheit. Die Erfahrung, dass die Konfessionen auf den Missionsfeldern häufig neben- oder gar gegeneinander handelten, verlieh der Überzeugung einer gemeinsamen Verantwortung für die Ausbreitung des Evangeliums Nachdruck.

Sie führte auf der Weltmissionskonferenz in Edinburgh (1910) zur Geburtsstunde der ökumenischen Bewegung. In den folgenden Jahrzehnten entstanden auf verschiedenen Ebenen Formen konfessionsübergreifender Zusammenarbeit, die sich auch institutionell konkretisierten. Den Auftakt bildete die von Nathan Söderblom angestoßene Bewegung für Praktisches Christentum (Stockholm 1925), der wenig später die von Charles Brent initiierte Bewegung für Glaube und Kirchenverfassung (Lausanne 1937) folgte. Beide Bewegungen vereinten sich nach dem Ende des Zweiten Weltkriegs im Ökumenischen Rat der Kirchen (Amsterdam 1948). Anfangs war der Rat von protestantischen und anglikanischen Kirchen geprägt, später traten ihm auch die orthodoxen Kirchen bei (1961).

Vor dem Hintergrund der Erfahrungen des Nationalsozialismus erhielt das Streben nach einer konfessionsübergreifenden Zusammenarbeit im deutschen Protestantismus eine neue Dynamik, die über das Ende des Krieges

which continued after the end of the war. Building on the Theological Declaration of Barmen (1934), Lutheran, Reformed and United churches in Europe signed the Leuenberg Agreement (1973), granting one another church fellowship in word and sacrament whilst remaining true to their respective binding confessions. At the Second Vatican Council the Roman Catholic Church opened itself up programmatically for the ecumenical movement (Unitatis Redintegratio, 1964). It did not join the World Council formally as a member, but was involved in dialogues on teaching and consensus, especially in the WCC »Commission on Faith and Order« and together with the worldwide denominational bodies. This led to important theological results, as may be seen in the convergence statement on »Baptism, Eucharist and Ministry« (Lima Declaration, 1982) and in the »Joint Declaration on the Doctrine of Justification« (1999) agreed to by the Pontifical Council for Promoting Christian Unity and the Lutheran World Federation in 1999, even though their practical consequences are hardly tangible to date.

Denominational orientation and ecumenical opening thus remain two competing tendencies at the end of the 20th century, both striving for the future path of the Christian churches. It should not be forgotten that the established churches are losing more and more importance, not only in Western countries but also in the rest of the world. The Pentecostal movement which started at the beginning of the 20th century is increasingly important, representing a new type of Christian piety. The Pentecostal churches are now widespread in many countries and regions of the world, especially in Latin America and Africa, but they are highly disparate and have formed hardly any trans-regional organisational structures. The same is true of the »indigenous churches«, which connect the Christian message with specific cultural religious traditions. Looking ahead to developments in the 21st century, one may therefore expect an increase of pluralism and diversification among Christians, despite all efforts towards visible Christian unity.

Reviewing two thousand years of church history, it is clear that consciousness of church unity has existed at all times. The bond between the local churches found many different forms of expression – spiritually, liturgically, theologically, ecclesiastically, legally. However, the search for visible unity of the church was not infrequently associated with exclusions and separations. This can be seen in late antiquity in the formation of oriental national churches, in the division of the Greek and Latin churches in the Middle Ages and in the ecclesial pluralism of the 16th century. Nonetheless, the reformers,

fortwirkte. Anknüpfend an die Theologische Erklärung von Barmen (1934) verständigten sich lutherische, reformierte und unierte Kirchen in Europa in der Leuenberger Konkordie (1973) darauf, in der Bindung an die jeweils verpflichtenden Bekenntnisse einander Kirchengemeinschaft in Wort und Sakrament zu gewähren. Die römisch-katholische Kirche öffnete sich im Zweiten Vatikanischen Konzil programmatisch zur ökumenischen Bewegung (Unitatis redintegratio, 1964), wurde nicht formell Mitglied im Ökumenischen Rat, wirkte aber bei Lehrdialogen und Konsensgesprächen, insbesondere in der ÖRK-Kommission »Faith and Order« und mit den konfessionellen Weltbünden, mit. Dabei kam es, wie sich an der »Konvergenzerklärung über Taufe, Eucharistie und Amt« (Lima-Erklärung, 1982) und an der von Lutherischem Weltbund und Päpstlichem Rat zur Förderung der Einheit der Christen verabschiedeten »Gemeinsamen Erklärung zur Rechtfertigungslehre« (1999) zeigt, zu wichtigen theologischen Ergebnissen, deren praktische Folgen freilich erst wenig greifbar sind.

Die konfessionelle Orientierung und die ökumenische Öffnung bleiben darum im Ausgang des 20. Jh.s zwei konkurrierende Strömungen, in denen um den weiteren Weg der christlichen Kirchen gerungen wird. Dabei darf nicht verschwiegen werden, dass die Bedeutung der etablierten Kirchen nicht nur in den westlichen Ländern, sondern auch weltweit eher abnimmt. Von wachsender Bedeutung ist die Anfang des 20. Jh.s entstandene Pfingstbewegung, die einen neuartigen Typ christlicher Frömmigkeit repräsentiert. Die Pfingstkirchen haben in vielen Ländern und Regionen der Welt, insbesondere in Lateinamerika und Afrika, weite Verbreitung gefunden, sind allerdings in sich höchst disparat und haben kaum überregionale Organisationsstrukturen ausgebildet. Gleiches gilt auch von den »indigenen Kirchen«, in denen sich die christliche Botschaft mit spezifischen religionskulturellen Traditionen verbindet. Im Ausblick auf die Entwicklungen im 21. Jh. ist deswegen zu erwarten, dass trotz des Strebens nach einer sichtbaren Einheit der Christenheit die Phänomene der Pluralisierung und Diversifizierung der Christentümer weiter zunehmen werden.

Der Blick auf zwei Jahrtausende Kirchengeschichte zeigt, dass es zu allen Zeiten das Bewusstsein kirchlicher Einheit gegeben hat. Die Ausdrucksformen übergemeindlicher Verbundenheit waren vielfältig – geistlich, liturgisch, theologisch, kirchlich, rechtlich. Nicht selten aber war das Streben nach sichtbarer Einheit der Kirche mit Ausgrenzungen und Trennungen verbunden. Das zeigt sich in der Spätantike in der Entstehung orientalischer Nationalkirchen, im Auseinandergehen von griechischer und lateinischer Kirche im Mittelalter und in der ekklesialen Pluralisierung im 16. Jh. Die Reformatoren hielten je-

even though they were banned by the Roman church, maintained their continuity with the Early Church and their allegiance to the *una, sancta, catholica et apostolica ecclesia*. Following this example, ways were found in modern times to move on from ecclesiastical particularity to ecumenical fellowship across denominational borders.

doch, obwohl sie von der römischen Kirche mit Bann belegt wurden, an der Kontinuität mit der Alten Kirche und damit an der Zugehörigkeit zur *una, sancta, catholica et apostolica ecclesia* fest. Daran anknüpfend wurden in der Neuzeit Wege aus der kirchlichen Partikularität zu einer die Konfessionen übergreifenden ökumenischen Gemeinschaft gefunden.

4. MODELS OF VISIBLE UNITY FROM A LUTHERAN PERSPECTIVE

4.1 »VISIBLE UNITY« AS THE GOAL OF THE GLOBAL ECUMENICAL MOVEMENT

The ecumenical goal of visible unity has its roots in the early stages of the Ecumenical Movement in the 20th century, which began in 1910 with the World Missionary Conference in Edinburgh. While the missionary movement in the 19th century was formed with the global aim of evangelising all mankind, it was now regarded as the special task of all missionary work in the non-Christian nations to plant churches which were not divided. In preparation for the conference, it had thereby been agreed to focus entirely on the practical issues of cooperation and not to deal with religious and theological differences. But at the conference itself it soon became apparent that it was impossible to ignore the problem of church separation. Thus, at the closing ceremony the then Mission Bishop of the Protestant Episcopal Church in the Philippines, Charles Brent (later bishop in New York), appealed to the conference to turn to the questions of faith and order in the future.

In this way the Movement for Faith and Order came into existence alongside the Life and Work Movement and held its first World Conference 1927 in Lausanne, addressing the »call to unity« in its very first session. One of the Lutheran speakers came from Erlangen, the theologian Werner Elert. For his speech he programmatically chose Jesus' words to Pilate in John 18:37, »Everyone who belongs to the truth listens to my voice«, and made it clear that the call to truth implies the call to unity. He expressed first of all the hope that the »ecumenical council«, as he called the World Conference, would not destroy the existing agreements in pursuit of comprehensive unity. Secondly, he urged that differences in constitutions and religious rites between the churches should not act as an obstacle when affirming the search for unity in truth. For the fellowship of churches, the especially important forms were in his opinion those which were able to give external expression to the connection with the Early Church. With these recommendations Elert effectively

4. MODELLE SICHTBARER EINHEIT AUS LUTHERISCHER SICHT

4.1 »SICHTBARE EINHEIT« ALS ZIEL DER WELTWEITEN ÖKUMENISCHEN BEWEGUNG

Das ökumenische Ziel der sichtbaren Einheit hat seine Wurzeln in der frühen Entwicklung der Ökumenischen Bewegung im 20. Jh., die mit der Weltmissionskonferenz von Edinburgh 1910 begann. Hatte sich die Missionsbewegung im 19. Jh. formiert unter dem globalen Ziel der Evangelisierung der Menschheit, so wurde die besondere Aufgabe aller missionarischer Arbeit darin gesehen, in den nicht-christlichen Nationen Kirchen zu pflanzen, die nicht gespalten sind. In Vorbereitung der Konferenz hatte man sich dabei darauf verständigt, sich ganz auf die praktischen Fragen der Zusammenarbeit zu konzentrieren und die konfessionellen und theologischen Unterschiede nicht zum Gegenstand zu machen. Doch auf der Konferenz selbst zeigte sich bald, dass man die Problematik der Trennungen der Kirchen nicht ausblenden konnte. So rief auf der Abschlussveranstaltung der Konferenz der damalige Missionsbischof der Protestant Episcopal Church in den Philippinen (später Bischof in New York) Charles Brent dazu auf, sich in Zukunft auch den Fragen von Glauben und Kirchenverfassung zuzuwenden.

Neben der Bewegung für Praktisches Christentum (Life and Work) entstand so die Bewegung für Glaube und Kirchenverfassung (Faith and Order), die ihre erste Weltkonferenz 1927 in Lausanne abhielt und sich in ihrer ersten Sitzungseinheit dem »Ruf zur Einheit« zuwandte. Unter den Rednern war von lutherischer Seite der Erlanger Theologe Werner Elert. Seine Rede stellte er programmatisch unter das Wort Jesu zu Pilatus in Joh 18,37 »Wer aus der Wahrheit ist, der hört meine Stimme« und machte deutlich, dass der Ruf zur Wahrheit den Ruf zur Einheit einschließe. Vom »ökumenischen Konzil«, wie er die Weltkonferenz nannte, erhoffte er zum einen, es möge in seinem Streben nach der großen Einheit die schon vorhandenen Einheiten nicht zerstören. Zum Zweiten mahnte er, die Unterschiede in Bezug auf die Verfassungen und Riten zwischen den Kirchen sollten kein Hindernis bilden für die Bejahung der Suche nach der Einheit in der Wahrheit. Für die Gemeinschaft der Kirchen erschienen ihm dabei die Formen besonders wichtig, die den Zusammenhang mit der Alten Kirche auch in der äußerlichen Erscheinung zum Ausdruck zu bringen vermögen. Elert nahm in diesen Empfehlungen der Sache nach be-

already anticipated what was later to be constitutive for the Lutheran World Federation's model of »unity in reconciled diversity«.

Although the discussion of visible unity was not on the agenda at the first World Conference of Faith and Order in 1927 in Lausanne, the question of recognisability of unity hung in the air. In Section VII on »The Unity of Christendom and the Relation Thereto of Existing churches« the main features of the unified church were determined: common faith, baptism as the church's rite of initiation, Holy Communion as the expression of ecclesial communion and as the culmination of common worship, as well as a ministry which is present and recognised in all parts of the universal church. At the same time, it was noted that churches which join together should be free in their own understanding of sacramental grace, ministry and ecclesiastical authority, and that there should be room for the actions of the prophetic gift of the Spirit.

At the second World Conference of Faith and Order in 1937 in Edinburgh there was already explicit reference to visible unity. Table fellowship and corporative association were named as forms by which practical cooperation could be put into practice. In contrast to the model of organic union, such as had been realised by mergers of Anglican and Protestant churches, for example in Canada and South India, various churches advocated that there should not only be rigid and ordered forms of church government, but also leeway for the formation of looser fellowships like the Quakers or the Salvation Army.

Both the World Mission Conference in Edinburgh and the first World Conferences of Faith and Order were marked by the predominantly Anglo American participation and a strong presence of the Anglican Communion. Correspondingly, the dialogue on the unity of the church also bore significantly Anglican traits. The Chicago-Lambeth Quadrilateral of 1888 is decisive for Anglican understanding of ecumenism and was reaffirmed at the Lambeth Conference of 1998. This specifies four basic conditions of unity: Holy Scripture as the rule and standard of faith, the Apostles' Creed as the baptismal symbol, the proper celebration of the sacraments of Baptism and Holy Communion, and the historic episcopate as a sign of unity.

After the global formation of the Ecumenical Movement had been delayed by the Second World War, the World Council of Churches (WCC) was founded in 1948 in Amsterdam. In the self-understanding of the Council the unity of the church is described as a gift of God and the member churches as instru-

reits vorweg, was später für das Modell der »Einheit in versöhnter Verschiedenheit« des Lutherischen Weltbundes konstitutiv wurde.

Wenngleich auf der ersten Weltkonferenz von Faith and Order 1927 in Lausanne noch nicht programmatisch von sichtbarer Einheit gesprochen wurde, war die Frage nach der Erkennbarkeit der Einheit doch präsent. In der Sektion VII über »Die Einheit der Christenheit und das Verhältnis der bestehenden Kirchen zu ihr« wurden die wesentlichen Merkmale der geeinten Kirche bestimmt: der gemeinsame Glaube, die Taufe als Aufnahme-Ritus der einen Kirche, das heilige Abendmahl als Ausdruck der kirchlichen Gemeinschaft und als die Krönung des gemeinsamen gottesdienstlichen Lebens sowie ein Amt, das in allen Teilen der Kirche vorhanden und von der Gesamtkirche anerkannt ist. Zugleich wurde festgehalten, dass die Kirchen, die sich zusammenschließen, hinsichtlich ihres Verständnisses der Sakramentsgnade, des Amtes und der kirchlichen Autorität Freiheit haben sollten, und dass es Spielraum geben solle für die Wirkungen der prophetischen Geistesgabe.

Auf der zweiten Weltkonferenz von Faith and Order 1937 in Edinburgh wurde dann bereits explizit von der sichtbaren Einheit gesprochen. Als Formen der Verwirklichung werden praktische Zusammenarbeit, Abendmahlsgemeinschaft und körperschaftliche Vereinigung bestimmt. Gegenüber dem Modell der organischen Union, das z. B. in Kanada und Südindien in Zusammenschlüssen anglikanischer und protestantischer Kirchen realisiert worden war, plädierten verschiedene Kirchen aber dafür, dass neben festen und geordneten Formen der Kirchenverfassung auch Raum bleiben müsse für freiere Gemeinschaftsbildungen wie etwa die der Quäker oder der Heilsarmee.

Sowohl die Weltmissionskonferenz in Edinburgh wie auch die ersten Weltkonferenzen von Faith and Order waren durch vornehmlich angloamerikanische Beteiligung und eine starke Präsenz der anglikanischen Gemeinschaft geprägt. Entsprechend trug auch der Dialog über die Einheit der Kirche deutlich anglikanische Züge. Maßgeblich für das anglikanische Verständnis von Ökumene ist das Chicago-Lambeth-Quadrilateral von 1888, das auf der Lambeth Conference 1998 erneut bekräftigt wurde. Hier werden vier Grundbedingungen der Einheit bestimmt: die Schrift als Regel und Norm des Glaubens, das Apostolische Glaubensbekenntnis als Taufsymbol, die stiftungsgemäße Feier der Sakramente der Taufe und des Abendmahls und der historische Episkopat als Zeichen der Einheit.

Nachdem die globale Formierung der Ökumenischen Bewegung durch den Zweiten Weltkrieg aufgehalten worden war, konnte 1948 in Amsterdam der Ökumenische Rat der Kirchen gegründet werden. In der Selbstbeschreibung des Rates wird die Einheit der Kirche als Gabe Gottes bestimmt, der die

ments in finding expression of that unity in work and in life. At first, there is no mention of the goal of visible unity. After a phase of discussions about the role and ecclesiological status of the WCC the third Assembly of the WCC in New Delhi in 1961 revised the basic formula, which now reads: »The World Council of Churches is a fellowship of churches which confess the Lord Jesus Christ as God and Saviour according to the scriptures, and therefore seek to fulfil together their common calling to the glory of the one God, Father, Son and Holy Spirit.« In the commentary unity is defined as God's will and his gift to his church. This will become visible, »as all in each place who are baptized into Jesus Christ and confess him as Lord and Saviour are brought by the Holy Spirit into one fully committed fellowship, holding the one apostolic faith, preaching the one Gospel, breaking the one bread, joining in common prayer, and having a corporate life reaching out in witness and service to all.« At the same time they believe that »ministry and members are accepted by all, and that all can act and speak together as occasion requires for the tasks to which God calls his people.«

The WCC decidedly does not understand itself to be a church and for this reason does also not wish to specify a single model for ecumenical convergence of churches. But that the unity of the church should be made visible, is a crucial element of the ecumenical vision of the churches affiliated to the WCC. This was confirmed repeatedly at the assemblies which followed New Delhi, most recently at the 10th Assembly in Busan 2013. The backdrop is the conviction, reaching back to the beginnings of the Ecumenical Movement, that the churches do (or can) not fulfil their central mission of evangelisation adequately if they do not even visibly express the unity of the church which they profess and proclaim. In addition to the common confession of one faith, one baptism and one Eucharist, the WCC documents have, since New Delhi, always mentioned the one ministry and the structures for a joint decision-making process as fundamental conditions of unity.

When the Roman Catholic Church opened itself to the Ecumenical Movement at the Second Vatican Council (1962–65), this meant a strong impetus for the global ecumenical movement. In the first chapter of the Decree on Ecumenism »Unitatis Redintegratio«, the Council describes the ecumenical movement as the action of the Spirit of God in history and notes that almost all the churches in this movement »though in different ways, long for the one visible church of God, a church truly universal and set forth into the world

Mitgliedskirchen als Werkzeuge in Leben und Arbeit Ausdruck verleihen sollen. Von dem Ziel der sichtbaren Einheit ist zunächst noch nicht die Rede. Nach einer Phase der Verständigung über Rolle und ekklesiologischen Status des ÖRK wurde auf der dritten Vollversammlung des ÖRK in Neu-Delhi 1961 die Basis-Formel revidiert. Sie lautet nun:»Der ÖRK ist eine Gemeinschaft von Kirchen, die den Herrn Jesus Christus gemäß der Heiligen Schrift als Gott und Heiland bekennen und darum gemeinsam zu erfüllen trachten, wozu sie berufen sind, zur Ehre Gottes, des Vaters, des Sohnes und des Heiligen Geistes.« Im Kommentar wird die Einheit als Gottes Wille und Gabe an seine Kirche bestimmt. Diese werde sichtbar,»indem alle an jedem Ort, die in Jesus Christus getauft sind und ihn als Herrn und Heiland bekennen, durch den Heiligen Geist in eine völlig verpflichtete Gemeinschaft geführt werden, die sich zu dem einen apostolischen Glauben bekennt, das eine Evangelium verkündigt, das eine Brot bricht, sich im gemeinsamen Gebet vereint und ein gemeinsames Leben führt, das sich in Zeugnis und Dienst an alle wendet«. Dazu gehöre auch,»dass Amt und Glieder von allen anerkannt werden, und dass alle gemeinsam so handeln und sprechen können, wie es die gegebene Lage im Hinblick auf die Aufgaben erfordert, zu denen Gott sein Volk ruft«.

Zwar versteht sich der ÖRK dezidiert nicht als Kirche und möchte damit verbunden auch kein Einheitsmodell für das ökumenische Zusammenwachsen der Kirchen vorgeben. Doch dass die Einheit der Kirche sichtbar werden soll, gehört maßgeblich zur ökumenischen Vision der im ÖRK verbundenen Kirchen. Dies wurde auf den folgenden Vollversammlungen nach Neu-Delhi immer wieder bekräftigt, zuletzt auf der 10. Vollversammlung in Busan 2013. Im Hintergrund steht die in die Anfänge der Ökumenischen Bewegung zurückreichende Überzeugung, dass die Kirchen ihren zentralen Auftrag der Evangeliumsverkündigung nicht angemessen erfüllen (können), wenn sie der Einheit der Kirche, die sie bekennen und verkündigen, nicht auch sichtbar Ausdruck verleihen. Neben dem gemeinsamen Bekenntnis des Glaubens, der einen Taufe und der einen Eucharistie werden in den ÖRK-Dokumenten seit Neu-Delhi dabei stets auch das eine Amt und die Strukturen für einen gemeinsamen Entscheidungsprozess als Grundbedingungen der Einheit genannt.

Als sich die römisch-katholische Kirche auf dem Zweiten Vatikanischen Konzil (1962–65) der Ökumenischen Bewegung öffnete, bedeutete dies einen starken Impuls für die globale ökumenische Bewegung. Im ersten Abschnitt des Ökumenismusdekrets »Unitatis redintegratio« beschreibt das Konzil die ökumenische Bewegung als Wirkung des Geistes Gottes in der Geschichte und hält fest, dass die Kirchen in dieser Bewegung fast alle, »wenn auch auf verschiedene Weise, zu einer einen, sichtbaren Kirche Gottes« hinstreben,

that the world may be converted to the Gospel and so be saved, to the glory of God« (UR 1). The Roman Catholic Church did not, indeed, become a member of the WCC. But it now cooperates in various fields, became a member of the Commission for Faith and Order and participated in the dialogue process on Baptism, Eucharist and Ministry, which led in 1982 to the Convergence Declarations on Baptism, Eucharist and Ministry in Lima.[2]

4.2 Concepts of church communion and visible unity from a Lutheran perspective

When considering the ecumenical movement since the Second Vatican Council, it can be seen how the goal of visible unity and the efforts to overcome church divisions have been variously interpreted and implemented by different churches. It is not possible to give an overview of all the relevant dialogues. Instead, some prominent examples are cited here in order to show how the goal of visible unity was interpreted in some dialogues with Lutheran participation, and how it was able to be implemented in different constellations.

4.2.1 Communion in visible fellowship within the Lutheran World Federation

Parallel to the multilateral Ecumenical Movement the Lutheran World Federation (LWF) that was founded in Lund in 1947 has dealt with the question of the communion and unity of Lutheran churches in several stages, reflecting on its ecclesiological self-understanding in this connection. Originally, it was the emphasis on a free association and ecclesiological autonomy of member churches which stood in the foreground in the LWF; however, the reflection on the church communion of Lutheran churches was significantly advanced by international dialogues with the Roman Catholic church (since 1967), with the Anglican Communion (since 1970) and with the Orthodox churches (since 1977). The communio ecclesiology and the recourse to biblical and patristic concepts of koinonia played an important role. Apart from that, the significance of a common witness on ethical issues gained priority for the Lutheran church communion in the 1970s and 1980s. Connected with this was the

---

[2]   Chapter 4 refers to various ecumenical documents. Their references can be found in the bibliography.

»die in Wahrheit allumfassend und zur ganzen Welt gesandt ist, damit sich die Welt zum Evangelium bekehre und so ihr Heil finde zur Ehre Gottes« (UR 1). Zwar wurde die römisch-katholische Kirche nicht Mitglied im ÖRK. Sie arbeitete aber nun in verschiedenen Bereichen mit, wurde Mitglied der Kommission für Faith and Order und beteiligte sich an dem Dialogprozess über Taufe, Eucharistie und Amt, der 1982 in Lima zur Verabschiedung der Konvergenzerklärungen zu Taufe, Eucharistie und Amt (DWÜ 1, 545–585) führte.

4.2 KONZEPTE VON KIRCHENGEMEINSCHAFT UND SICHTBARER EINHEIT IN LUTHERISCHER PERSPEKTIVE

Betrachtet man die ökumenische Bewegung seit dem Zweiten Vatikanischen Konzil, so kann man feststellen, wie das Ziel der sichtbaren Einheit zwischen verschiedenen Kirchen in ihren Bemühungen, Kirchentrennungen zu überwinden, unterschiedlich aufgefasst und umgesetzt wird. Es ist nicht möglich, einen Überblick über alle einschlägigen Dialoge zu geben. Stattdessen soll hier an einigen prominenten Beispielen gezeigt werden, wie das Ziel der sichtbaren Einheit in verschiedenen Dialogen unter lutherischer Beteiligung ausgelegt und in welcher Weise es in unterschiedlichen Konstellationen realisiert werden konnte.

4.2.1 Kirchengemeinschaft in sichtbarer Verbundenheit im Lutherischen Weltbund

Parallel zur multilateralen Ökumenischen Bewegung hat sich der 1947 in Lund gegründete Lutherische Weltbund (LWB) in mehreren Etappen mit der Frage nach der Gemeinschaft und Einheit lutherischer Kirchen befasst und in diesem Zusammenhang sein ekklesiologisches Selbstverständnis reflektiert. Stand im LWB anfänglich das Anliegen im Vordergrund, die freie Vereinigung und ekklesiologische Selbstständigkeit der Mitgliedskirchen zu betonen, so wurde die Reflexion auf die lutherische Kirchengemeinschaft wesentlich befördert durch die internationalen Dialoge mit der römisch-katholischen Kirche (seit 1967), mit der Anglikanischen Kirchengemeinschaft (seit 1970) und mit den orthodoxen Kirchen (seit 1977). Dabei spielten die Communio-Ekklesiologie und der Rekurs auf den biblischen und patristischen Koinonia-Gedanken eine wesentliche Rolle. In den 1970er- und 1980er-Jahren rückte außerdem die Bedeutung eines gemeinsamen Zeugnisses in ethischen Fragen für die lutherische Kirchengemeinschaft in den Vordergrund. Damit verband sich die Aufgabe, die Gemeinschaft unter den lutherischen Kirchen auch im Teilen geistlicher, materieller und personeller Ressourcen zu praktizieren. Im weiteren Verlauf des Diskussionsprozesses wurden die ethischen

task of practising fellowship among Lutheran churches by sharing spiritual, material and human resources. In the further course of discussion, ethical commitments were combined with the reflection on ecclesiological self-understanding. At the General Assembly in Curitiba (Brazil) in 1990 the LWF altered Article 3 of its constitution and defined itself now explicitly as »a communion of churches which confess the triune God, agree in the proclamation of the Word of God and are united in pulpit and altar fellowship.«

Constitutive for the Lutheran (and Protestant) understanding of the unity of the church is Article VII of the Augsburg Confession. Accordingly, agreement in the teaching of the gospel and in the right administration of the sacraments is considered to be the necessary and sufficient condition of the unity of the church. Where such agreement exists between churches, church communion can be declared. Just as the unity of the church is not invisible, but gains visible expression in the pure preaching of the gospel and the right administration of the sacraments, so is the church communion of LWF churches visible in their altar, pulpit and confessional communion. Ipso facto, the communion of ministry is also part of the communion, since the ministry is associated with the service of word and sacraments. The Lutheran churches agree that the personal, spiritual office of leadership (usually designated as Bishop) belongs to the ministry of *episkopé*. Although there are different attitudes regarding the importance of the historic apostolic succession in the episcopate, the Lutheran churches in the LWF recognise their ordinations mutually.

At the General Assembly in Dar es Salaam in 1977 the Lutheran churches of the LWF reached agreement upon the ecumenical vision of unity in reconciled diversity. For the Lutheran churches this does not contradict the goal of visible unity of the WCC. Rather, the search for visible unity was and continues to be emphasised by the LWF especially in the dialogues with Anglican churches. Visible unity requires in Lutheran understanding agreement on the right teaching of the gospel and therefore reconciliation in the teachings which divide the churches.

But uniformity is not considered necessary in all areas of teaching and in the ecclesial structures. At the same time the conditions for church unity formulated in CA VII are not understood exclusively. Pulpit, altar and confessional communion are namely the three »highest forms of expression« of church communion. But the sign of historical succession in the episcopate can be regarded as an expression of church communion and as a sign of unity,

Aufgaben und die Reflexion auf das ekklesiologische Selbstverständnis miteinander verbunden. Auf seiner Vollversammlung in Curitiba (Brasilien) 1990 änderte der LWB Art. 3 seiner Verfassung und bestimmt sich nun ausdrücklich als »eine Gemeinschaft von Kirchen, die sich zu dem dreieinigen Gott bekennen, in der Verkündigung des Wortes Gottes übereinstimmen und in Kanzel- und Abendmahlsgemeinschaft verbunden sind«.

Konstitutiv für das lutherische (und reformatorische) Verständnis der Einheit der Kirche ist Artikel VII der Confessio Augustana. Demnach wird die Übereinstimmung in der Lehre des Evangeliums und in der stiftungsgemäßen Verwaltung der Sakramente als notwendige und hinreichende Bedingung der Einheit der Kirche angesehen. Wo solche Übereinstimmung zwischen Kirchen besteht, kann Kirchengemeinschaft erklärt werden. Wie die Einheit der Kirche nicht unsichtbar ist, sondern in der rechten Predigt des Evangeliums und der stiftungsgemäßen Verwaltung der Sakramente sichtbaren Ausdruck gewinnt, so ist auch die Kirchengemeinschaft der im LWB verbundenen Kirchen sichtbar in ihrer Kanzel-, Abendmahls- und Bekenntnisgemeinschaft. Zur Gemeinschaft gehört ipso facto die Gemeinschaft im Amt, indem das Amt Wort und Sakrament dienend zugeordnet ist. Die lutherischen Kirchen stimmen dabei überein, dass zum Dienst der *épiskopé* auch das personal wahrgenommene geistliche Leitungsamt (meist Bischof/Bischöfin genannt) gehört. Obwohl sie der historischen apostolischen Sukzession im Bischofsamt unterschiedliche Bedeutung zumessen, erkennen die im LWB verbundenen lutherischen Kirchen die Ordinationen wechselseitig an.

Auf der Vollversammlung in Daressalam 1977 haben sich die im LWB verbundenen lutherischen Kirchen auf die ökumenische Zielvorstellung der Einheit in versöhnter Verschiedenheit verständigt. Diese steht für die lutherischen Kirchen nicht in Konkurrenz zum Ziel der sichtbaren Einheit des ÖRK. Vielmehr wurde und wird das Streben nach sichtbarer Einheit insbesondere in den Dialogen mit anglikanischen Kirchen auch vom LWB betont. Die sichtbare Einheit erfordert nach lutherischem Verständnis eine Übereinstimmung in der rechten Lehre des Evangeliums und darum eine Versöhnung in den kirchentrennenden Lehren.

Aber Uniformität in allen Bereichen der Lehre und in den kirchlichen Strukturen wird nicht als erforderlich angesehen. Zugleich werden die in CA VII formulierten Bedingungen kirchlicher Einheit auch nicht exklusiv verstanden. Kanzel-, Abendmahls- und Bekenntnisgemeinschaft sind zwar die drei »vornehmsten Ausdrucksformen« von Kirchengemeinschaft. Aber das Zeichen der historischen Sukzession im Bischofsamt kann als eine Ausdrucksform von Kirchengemeinschaft und als Zeichen der Einheit angesehen

even if it is not an indispensable condition for the declaration of church communion for churches affiliated to the LWF. Rather, both the development of the discussion within the LWF as well as many dialogues with other churches demonstrate that reconciled diversity is possible precisely in the interpretation of the essential provisions for visible unity. The understanding of visible koinonia that was focused on pulpit and altar fellowship, but open for other characteristics, allowed and allows many Lutheran churches to enter into church communion with both episcopally and not episcopally constituted churches.

4.2.2 Church communion between churches of different confessions, exemplified by the Community of Protestant Churches in Europe

A milestone in the Lutheran-Reformed ecumenism was the Leuenberg Agreement of 1973, on the basis of which many Lutheran, United, Reformed, Methodist and pre-Reformation churches from all over Europe have declared church communion (= church fellowship) and joined together in the Community of Protestant Churches in Europe (CPCE). As in the LWF this agreement makes reference to CA VII, seeing consensus in the understanding of the gospel and the sacraments as constitutive for the unity of the church. However, unlike the LWF the CPCE places more emphasis on the procedural character of church communion. For the declaration of church communion, which is possible and necessary where churches recognise that they agree on word and sacrament, means the beginning of a fellowship directed towards constant lively realisation and deepening in witness and service. One means of deepening among others are doctrinal conversations on issues where differences exist between the churches, especially in the question of the role of profession and confession, of ministry, ordination and ecclesiastical training as well as in the understanding of the binding nature of church communion.

For the description of the ecumenical goal, the concept of church communion (= church fellowship) is preeminent in the CPCE. The concept of visible unity is, on the other hand, neither prominent in the Leuenberg Agreement, nor in the ecclesiological study »The Church of Jesus Christ«, which was adopted by the General Assembly in 1994 as a contribution of the CPCE to ecumenical conversation about the unity of the church. In a similar way to the ecclesiology of the LWF, the foundation of the church and its unity as the body of Christ is seen in the unity of the triune God and his work. Since the right preaching of the gospel and the proper celebration of the sacraments

werden, auch wenn es für die im LWB verbundenen Kirchen keine unerlässliche Bedingung für die Erklärung von Kirchengemeinschaft darstellt. Vielmehr zeigen sowohl die Entwicklung der Diskussion innerhalb des LWB wie auch viele Dialoge mit anderen Kirchen, dass versöhnte Verschiedenheit gerade auch in der Auslegung der Bestimmungsmomente sichtbarer Einheit möglich ist. Das auf Kanzel- und Abendmahlsgemeinschaft fokussierte, aber für weitere Kennzeichen offene Verständnis sichtbarer Koinonia erlaubt(e) es vielen lutherischen Kirchen, sowohl mit episkopalen wie auch mit nicht bischöflich verfassten Kirchen Kirchengemeinschaft einzugehen.

4.2.2 Kirchengemeinschaft zwischen bekenntnisverschiedenen Kirchen am Beispiel der Gemeinschaft Evangelischer Kirchen in Europa

Einen Meilenstein in der lutherisch-reformierten Ökumene stellt die Leuenberger Konkordie von 1973 (DWÜ 3, 724–731; zum internationalen Dialog vgl. DWÜ 2, 274–293) dar, auf deren Basis europaweit viele lutherische, unierte, reformierte, vorreformatorische und methodistische Kirchen Kirchengemeinschaft erklärt und sich in der Gemeinschaft Evangelischer Kirchen in Europa (GEKE) zusammengeschlossen haben. Wie im LWB so ist auch hier gemäß CA VII die Übereinstimmung im Verständnis des Evangeliums und der Sakramente konstitutiv für die Einheit der Kirche. Im Unterschied zum LWB betont die GEKE allerdings noch entschiedener den prozessualen Charakter der Kirchengemeinschaft. Denn mit der Erklärung von Kirchengemeinschaft, die möglich und geboten ist, wo Kirchen erkennen, dass sie in Wort und Sakrament übereinstimmen, beginnt eine Gemeinschaft, die auf stete lebendige Verwirklichung und Vertiefung in Zeugnis und Dienst ausgerichtet ist. Dieser Vertiefung dienen u. a. die Lehrgespräche über die Themen, in denen Unterschiede zwischen den Kirchen bestehen, insbesondere in der Frage nach der Rolle von Bekennen und Bekenntnis, von Amt, Ordination und kirchlicher Ausbildung sowie im Verständnis des verbindlichen Charakters von Kirchengemeinschaft.

Für die Beschreibung des ökumenischen Ziels ist in der GEKE der Begriff der Kirchengemeinschaft primär. Der Begriff der sichtbaren Einheit wird hingegen weder in der Leuenberger Konkordie noch in der ekklesiologischen Studie »Die Kirche Jesu Christi« profiliert gebraucht, die als Beitrag der GEKE zum ökumenischen Gespräch über die Einheit der Kirche von der Vollversammlung 1994 verabschiedet wurde. Ähnlich wie in der Ekklesiologie des LWB wird der Grund der Kirche und ihrer Einheit als Leib Christi in der Einheit des dreieinigen Gottes und seines Wirkens gesehen. Da als Kennzeichen der Kirche Jesu Christi die rechte Verkündigung des Evangeliums und die

are deemed to be the characteristics of the church of Jesus Christ, the unity of the church is experienced in agreement on the proclamation of the gospel in word and sacrament and in the practice of pulpit and altar fellowship, implying the mutual recognition of the ministries by the churches. Alongside these basic features, further attributes are named, including ministry and *episkopé.*

The essential properties of unity, holiness, catholicity and apostolicity are considered by the CPCE to be properties of the believed church. But that does not mean that the nature of the church is on principle invisible. Rather, the unity of the church of Jesus Christ, which is pre-specified by God's action, leads to the commitment of giving visible testimony to this gift of God as the ground of living communion between the churches in the diversity of their historical forms. The fact that the churches belong to the church of Jesus Christ gains visible expression in the way they bear witness to it as one, holy, catholic and apostolic church in their teachings and life. This testimony includes the practice of Eucharistic hospitality towards churches and Christians of divided denominations.

In its self-understanding, the Leuenberg Agreement is not a confession; it declares consensus in the understanding of the gospel by overcoming the traditional church-dividing doctrines concerning Christology, predestination and Eucharist. The impetus towards confessional communion, which is essential for Lutheran churches, is fulfilled in the CPCE insofar as the churches recognise one another mutually with their different confessional foundations and do not (any longer) see such differences as church-dividing. With recourse to the confessional traditions of churches (esp. CA VII), a uniform type of ministry is not regarded as a condition for church communion. Nevertheless, accord has been reached that the source of the gospel teaching ministry in word and sacrament is not the will of the church, but is instituted by Christ, and *episkopé* in a personal, collegial and communal dimension is an indispensable part of the life of the church.

4.2.3   Church communion in visible unity as a goal in Anglican-Lutheran ecumenism

For the Anglican-Lutheran ecumenical dialogue on the world level, which began in 1970, the so-called Niagara report of 1987 described practical steps on the road to the realisation of full communion, paying particular attention,

stiftungsgemäße Feier der Sakramente gelten, wird die Einheit der Kirche in der Übereinstimmung in der Evangeliumsverkündigung in Wort und Sakrament und in der Praxis von Kanzel- und Abendmahlsgemeinschaft erfahrbar, die die Anerkennung der Ämter zwischen den Kirchen impliziert. Neben diesen grundlegenden Kennzeichen werden weitere Kennzeichen genannt, darunter auch Amt und *episkopé*.

Zwar gelten die Wesenseigenschaften der Einheit, Heiligkeit, Katholizität und Apostolizität der GEKE als Eigenschaften der geglaubten Kirche. Doch das bedeutet nicht, dass das Wesen der Kirche prinzipiell unsichtbar wäre. Vielmehr resultiert aus der in Gottes Werk vorgegebenen Einheit der Kirche Jesu Christi die Aufgabe, von dieser Gabe Gottes als dem Grund lebendiger Gemeinschaft zwischen den Kirchen in der Verschiedenheit ihrer geschichtlichen Gestalten sichtbar Zeugnis zu geben. Die Zugehörigkeit der Kirchen zur Kirche Jesu Christi gewinnt sichtbaren Ausdruck in der Art, wie sie diese als eine, heilige, katholische und apostolische Kirche in ihrem Lehren und Leben bezeugen. Zu diesem Zeugnis gehört auch die Praxis eucharistischer Gastbereitschaft gegenüber Kirchen und Christen aus getrennten Konfessionen.

Die Leuenberger Konkordie ist ihrem Selbstverständnis nach kein Bekenntnis, sondern erklärt die Übereinstimmung im Verständnis des Evangeliums auf Basis einer Überwindung der traditionellen kirchentrennenden Lehren in Christologie, Prädestinations- und Abendmahlslehre. Das für lutherische Kirchen wesentliche Moment der Bekenntnisgemeinschaft wird in der GEKE insofern erfüllt, als sich die Kirchen mit ihren unterschiedlichen Bekenntnisgrundlagen wechselseitig anerkennen und die darin enthaltenen Unterschiede nicht (mehr) als kirchentrennend ansehen. Im Rekurs auf die Bekenntnistraditionen der Kirchen (insbes. CA VII) wird eine uniforme Gestaltung des Amtes nicht als Bedingung der Kirchengemeinschaft angesehen. Übereinstimmung besteht gleichwohl darin, dass das Amt der Evangeliumsverkündigung in Wort und Sakrament nicht dem Gemeindewillen entspringt, sondern von Christus eingesetzt ist, und dass *episkopé* in personaler, kollegialer und gemeinschaftlicher Dimension unverzichtbar zum Leben der Kirche gehört.

4.2.3 Kirchengemeinschaft in sichtbarer Einheit als Ziel in der anglikanisch-lutherischen Ökumene

Für die anglikanisch-lutherische Ökumene auf Weltebene, die 1970 begann, wurden im sogenannten Niagara-Bericht 1987 (DWÜ 2, 62–91) praktische Schritte auf dem Weg zur Verwirklichung voller Gemeinschaft bestimmt, die

alongside joint structures, to communion in the *episkopé*. The connection to the goal of visible unity in the WCC was made, whilst also taking understanding in the dialogue with the Roman Catholic Church into account. Subsequently several church communions between Lutheran and Anglican churches have been concluded. Thus, with the Porvoo Common Statement of 1992, British and Irish Anglican churches have established church communion with Nordic and Baltic Lutheran churches. Here the church is understood as a sign, instrument and foretaste of the Kingdom of God. For this characteristic as sign and instrument, a more fully visible embodiment of communion in structured form was important, in addition to the agreement in word and sacrament. The historic episcopate is here jointly acknowledged as a sign of the unity and apostolicity of the church, realised in the right preaching of the gospel and the proper administration of the sacraments. At the same time, there is explicit rejection of the idea that the historical succession in the episcopate might guarantee the apostolicity of the church. Additionally, in the Porvoo Statement the recognition of ministries in those churches which have not preserved this attribute is expressly not bound to the resumption of the historic episcopate. Rather, the resumption of this sign follows after the ministries have first of all been recognised.

Analogously, church communion was declared by the Episcopal Church and the Evangelical Lutheran Church in America with the document »Called to Common Mission« of 1999/2000 and also by the Anglican Church and the Evangelical Lutheran Church in Canada with the Waterloo Declaration »Called to Full Communion« in 2001. The church communion therefore includes in these cases, too, the agreement that communion in the episcopate is part of visible unity, alongside communion in faith, in the teaching of the gospel and the administration of the sacraments. Although unity will be visible after having entered into such church communion, this act is understood by the Anglican-Lutheran partners – as by the fellowship churches of the CPCE – not as a static event, but as an ongoing process. In these Anglican-Lutheran communions which have been mentioned, the deepening of communion focuses first of all on the deepening of common structures, while in the CPCE it is the communion of witness and service which stands in the foreground.

neben gemeinsamen Strukturen vor allem auch die Gemeinschaft in der *épiskopé* vorsehen. Darin wird an das Ziel der sichtbaren Einheit im ÖRK angeknüpft, zugleich aber die Verständigung im Dialog mit der römisch-katholischen Kirche berücksichtigt. In der Folgezeit sind mehrere Kirchengemeinschaften zwischen lutherischen und anglikanischen Kirchen geschlossen worden. So haben mit der Porvooer Gemeinsamen Feststellung 1992 (DWÜ 3, 749–777) britische und irische anglikanische Kirchen und nordische und baltische lutherische Kirchen Kirchengemeinschaft geschlossen. Die Kirche wird hier als Zeichen, Mittel und Vorgeschmack des Reiches Gottes verstanden. Für diesen Zeichen- und Werkzeugcharakter sei neben der Übereinstimmung in Wort und Sakrament auch eine vollere sichtbare Verkörperung der Gemeinschaft in strukturierter Form wichtig. Der historische Episkopat wird hier dabei gemeinsam als Zeichen der Einheit und Apostolizität der Kirche gewürdigt, die sich in der rechten Evangeliumsverkündigung und stiftungsgemäßen Sakramentsverwaltung realisiert. Zugleich wird aber ausdrücklich die Vorstellung abgewiesen, die historische Sukzession im Bischofsamt könne die Apostolizität der Kirche garantieren. Auch wird die Anerkennung der Ämter in den Kirchen, die dieses Zeichen nicht bewahrt haben, in der Porvooer Erklärung ausdrücklich nicht an die Wiederaufnahme des historischen Episkopats gebunden. Vielmehr folgt diese Wiederaufnahme des Zeichens der vorangehenden Anerkennung der Ämter.

In analoger Weise konnte zwischen Episkopaler Kirche und Evangelisch-Lutherischer Kirche in Amerika mit der Erklärung »Zu gemeinsamer Sendung berufen« von 1999/2000 (DWÜ 3, 794–808) und zwischen der Anglikanischen Kirche und der Evangelisch-Lutherischen Kirche in Kanada mit der Waterloo-Erklärung »Zu voller Gemeinschaft berufen« 2001 (DWÜ 3, 809–813) Kirchengemeinschaft aufgenommen werden. Die Kirchengemeinschaft schließt hier also die Übereinstimmung ein, dass zur Gemeinschaft im Glauben, in der Lehre des Evangeliums und der Verwaltung der Sakramente auch die Gemeinschaft im Bischofsamt zur sichtbaren Einheit gehört. Obwohl mit solcher Aufnahme von Kirchengemeinschaft die Einheit sichtbar wird, wird in den anglikanisch-lutherischen Zusammenschlüssen wie in der GEKE Kirchengemeinschaft nicht statisch, sondern als Prozess verstanden. Dabei konzentriert sich die Vertiefung der Gemeinschaft in den genannten anglikanisch-lutherischen Gemeinschaften allerdings zuerst auf eine Vertiefung der gemeinsamen Strukturen, während in der GEKE die Gemeinschaft in Zeugnis und Dienst ganz im Vordergrund steht.

4.2.4 Looking for a shared understanding of visible unity – the Anglican-Protestant declarations of Meissen and Reuilly

In addition to the Anglican-Lutheran church communions, there has been a growth in the communion shared by Anglican churches on the one hand and Protestant churches of Lutheran and Reformed tradition on the other. Thus, with the »Meissen Common Statement« of 1988 the Church of England, the Federation of Evangelical Churches in the GDR and the Evangelical Church in Germany recognised each other as churches and agreed mutually to participate in worship services, including baptism, the Lord's Supper and ordinations. Also duly appointed clergy of either church may perform their official duties in the other church in accordance with the ecclesial regulations and within the limits of the powers conferred upon them. They agree in their understanding of their ministry as God's gift. However, in the »Meissen Common Statement« no agreement had yet been achieved regarding the understanding and form of the episcopacy. Because this is, in Anglican understanding, constitutive for church communion, the »Meissen Common Statement« does not include such a declaration of church communion. It is rather the aim of the Meissen process, agreed upon in the Common Statement, that one should go along the road together in the search for full and visible unity, to which communion in ministry would belong. In this case the concept of unity is also not static, but implies convergence in understanding the special nature of full, visible unity.

An analogous ecumenical understanding has been reached by the Anglican churches of Great Britain and Ireland and the Lutheran and Reformed churches in France in the »Reuilly Common Statement« of 2001.

With the goal of full, visible unity, the statements of Meissen and Reuilly are aligned to the ecumenical vision of the WCC. But they specify this in two ways. First, they stress that full and complete unity of the church under terrestrial conditions cannot be achieved and any experience of unity is always a gift of God and a foretaste and sign of his Kingdom. Secondly, they emphasise that the visibility of the communion in word and sacrament gains even richer expression by the communion in the historic episcopate. Certainly, the Meissen Declaration already contains the mutual recognition as churches and a recognition of ministries, but a full exchangeability of clergy is not yet possible due to the difference in the episcopate. In practice, this proves hardly to be an obstacle to the very lively partnership at parish level and the

4.2.4 Auf der Suche nach einem gemeinsamen Verständnis sichtbarer Einheit –
die anglikanisch-evangelischen Erklärungen von Meissen und Reuilly

Neben den anglikanisch-lutherischen Kirchengemeinschaften sind auch Gemeinschaften zwischen anglikanischen Kirchen einerseits und evangelischen Kirchen lutherischer und reformierter Richtung andererseits gewachsen. So haben sich mit der »Meissener Gemeinsamen Feststellung« von 1988 (DWÜ 3, 732–748) die Kirche von England, der Bund der Evangelischen Kirchen in der DDR und die Evangelische Kirche in Deutschland als Kirchen anerkannt und vereinbart, gegenseitig an den Gottesdiensten, einschließlich Taufe, Herrenmahl und Ordinationen, teilzunehmen. Auch dürfen ordnungsgemäß berufene Geistliche der beiden Kirchen in der jeweils anderen Kirche Aufgaben ihres Amtes wahrnehmen gemäß den kirchlichen Regelungen und im Rahmen ihrer Befugnisse. Sie verstehen ihre Ämter übereinstimmend als Gabe Gottes. Allerdings wurde in der »Meissener Gemeinsamen Feststellung« noch keine Übereinstimmung in Bezug auf Verständnis und Gestalt des Bischofsamtes erzielt. Weil diese nach anglikanischem Verständnis konstitutiv ist für die Aufnahme von Kirchengemeinschaft, beinhaltet die »Meissener Gemeinsame Feststellung« keine Erklärung von Kirchengemeinschaft. Ziel des mit der Gemeinsamen Feststellung vereinbarten Meissen-Prozesses ist es vielmehr, einen gemeinsamen Weg auf der Suche nach der vollen, sichtbaren Einheit zu beschreiten, zu der auch die Gemeinschaft im Amt gehört. Die Einheitsvorstellung ist auch hier keine statische, sondern impliziert ein Zusammenwachsen im Verständnis der besonderen Merkmale voller, sichtbarer Einheit.

Eine analoge ökumenische Verständigung haben die anglikanischen Kirchen Großbritanniens und Irlands und die lutherischen und reformierten Kirchen Frankreichs in der »Gemeinsamen Erklärung von Reuilly« 2001 (DWÜ 3, 814–834) erreicht.

Mit dem Ziel der vollen, sichtbaren Einheit orientieren sich die Erklärungen von Meissen und Reuilly an der ökumenischen Zielvorstellung des ÖRK. Sie präzisieren diese aber in doppelter Hinsicht. Zum einen betonen sie, dass die volle und umfassende Einheit der Kirche unter irdischen Bedingungen nicht erreicht werden kann und jede Erfahrung von Einheit stets eine Gabe Gottes und ein Vorgeschmack und Zeichen des Gottesreiches ist. Zum anderen stellen sie heraus, dass die Sichtbarkeit der Gemeinschaft in Wort und Sakrament durch die Gemeinschaft im historischen Bischofsamt noch volleren Ausdruck gewinnt. Zwar enthält die Meissen-Erklärung bereits eine Anerkennung als Kirchen und eine Anerkennung der Ämter, doch ein voller Austausch der Geistlichen ist aufgrund der Differenz im Bischofsamt noch nicht möglich. In der Praxis erweist sich dies allerdings kaum als Hindernis für die sehr leben-

cooperation of the clergy in the participant churches of the Meissen Declaration.

4.2.5 Comprehensive unity in the understanding of faith, sacraments and ministry as a goal and condition for church communion – Lutheran/Roman Catholic dialogues and Lutheran/Orthodox dialogues

While the aforementioned Anglican-Lutheran dialogues have led to church communion and the Anglican-Protestant ones led to more visible unity in the life of the churches, it has not been possible to achieve this in the dialogues with the Roman Catholic Church and the Orthodox churches so far. The Roman Catholic Church has indeed described its understanding of the Ecumenical Movement in the Decree on Ecumenism »Unitatis Redintegratio« and taken part since then in the ecumenical movement, but has not spelled out a model for unity. In the Church Constitution »Lumen Gentium«, it states on the visibility of the essence of the church that the »one church of Christ which in the Creed is professed as one, holy, catholic and apostolic« is »constituted and organized in the world as a society« and »subsists in the Catholic church, which is governed by the successor of Peter and by the Bishops in communion with him« (LG 8).

The historic episcopate thus rates as visible principle and foundation of unity of faith and of communion. The Pope as successor of Peter and Vicar of Christ is visible head of the whole church. Consequently, according to Roman Catholic understanding communion in faith and in the historic episcopate as well as subordination to the Pope is constitutive for visible unity. On the other hand, uniformity in liturgy and rites is not required, as can be observed, for example, in the church union between the Roman Catholic Church and some Eastern Catholic churches.

In the Lutheran/Roman Catholic dialogue, the study »Facing Unity – Models, Forms and Phases of Catholic-Lutheran Church Fellowship« was already presented in 1984. The document is intended as an ecumenical »road map«. It is noted jointly that the unity of the church is rooted in the work of the triune God and is granted in Christ, thus preceding any ecclesiastical efforts. At the same time it requires an externally visible shape. Although the text is linked objectively to the ecumenical vision of the WCC, it does not place the terminology of visible unity in the forefront when characterising unity, but speaks rather of unity in diversity, leaving room for inner variety, spiritual diversity and historical transformations.

dige Partnerschaft auf Gemeindeebene und den Austausch zwischen Geistlichen der an der Meissen-Erklärung beteiligten Kirchen.

4.2.5 Umfassende Einheit im Verständnis von Glaube, Sakramenten und Amt als Ziel und Bedingung für Kirchengemeinschaft – Lutherisch/römisch-katholische Dialoge und lutherisch-orthodoxe Dialoge

Während die genannten anglikanisch-lutherischen Dialoge zu Kirchengemeinschaft und die anglikanisch-evangelischen zu sichtbarer Einheit im Leben der Kirchen geführt haben, konnte dies in den Dialogen mit der römisch-katholischen Kirche und mit orthodoxen Kirchen bisher nicht erzielt werden. Die römisch-katholische Kirche hat zwar im Ökumenismusdekret »Unitatis Redintegratio« ihr Verständnis der Ökumenischen Bewegung beschrieben und beteiligt sich seither an der ökumenischen Bewegung, hat aber kein Einheitsmodell ausbuchstabiert. In der Kirchenkonstitution »Lumen gentium« wird zur Sichtbarkeit des Wesens der Kirche gesagt, die »einzige Kirche Christi, die wir im Glaubensbekenntnis als die eine, heilige, katholische und apostolische bekennen«, sei »in dieser Welt als Gesellschaft verfaßt und geordnet« und »verwirklicht in der katholischen Kirche, die vom Nachfolger Petri und von den Bischöfen in Gemeinschaft mit ihm geleitet wird« (LG 8).

Dabei gilt der historische Episkopat als sichtbares Prinzip und Fundament der Glaubenseinheit und der Gemeinschaft. Der Papst als Nachfolger Petri und Stellvertreter Christi ist sichtbares Haupt der ganzen Kirche. Mithin ist nach römisch-katholischem Verständnis für die sichtbare Einheit die Gemeinschaft im Glauben und im historischen Bischofsamt sowie in der Unterordnung unter den Papst konstitutiv. In Liturgie und Riten ist dagegen keine Uniformität erforderlich, wie man nicht zuletzt an den Kirchenunionen zwischen der römisch-katholischen Kirche und einigen katholischen Ostkirchen sehen kann.

Im lutherisch/römisch-katholischen Dialog konnte bereits 1984 die Studie »Einheit vor uns. Modelle, Formen und Phasen katholisch/lutherischer Kirchengemeinschaft« (DWÜ 2, 451–506) vorgelegt werden. Der Text versteht sich als eine ökumenische »Wegbeschreibung«. Gemeinsam wird festgehalten, dass die Einheit der Kirche im Wirken des dreieinigen Gottes gründe und in Christus geschenkt werde, also jedem kirchlichen Streben vorausliege. Zugleich bedürfe sie aber der äußerlich sichtbaren Gestalt. Der Text knüpft zwar sachlich an die ökumenische Zielvorstellung des ÖRK an, stellt aber in der Charakterisierung der Einheit nicht den Terminus der sichtbaren Einheit in den Vordergrund, sondern spricht von einer Einheit in Verschiedenheit, die der inneren Verschiedenheit, geistlichen Vielfalt und den geschichtlichen Wandlungen Raum lässt.

According to this text, the goal of the ecumenical journey is comprehensive church fellowship, which includes community of faith, in sacraments and of service. This community of service, in turn, is made concrete in the exercise of the common ecclesiastical ministry, whereby the exercise of the episcopate does not need to be uniform for every place. Accordingly, the following dialogues followed the »road map« towards church communion. In the »Joint Declaration on the Doctrine of Justification« of 1999 between the Roman Catholic church and the Lutheran World Federation, the church-dividing doctrinal condemnations of the 16th century on the doctrine of justification were able to be overcome, and a consensus was found regarding basic truths of the doctrine of justification.

While »Facing Unity« focused on the concept of church fellowship, the new documents on the Reformation commemoration in 2017 concentrate strongly on the goal of visible unity. These are »From Conflict to Communion« from the international Lutheran-Catholic dialogue and »Reformation 1517–2017. Ecumenical Perspectives« by the Ecumenical Working Group of Protestant and Catholic Theologians in Germany. Thus, »From Conflict to Communion« defines the pursuit of visible unity as an ecumenical imperative to which the churches should commit themselves again in the light of the Reformation commemoration. However, the visibility of the unity is not one-sidedly focused upon. Following the tenets of the Church Constitution »Lumen Gentium«, the calling of the church as »a sign and instrument both of a very closely knit union with God and of the unity of the whole human race« (LG 1) is fundamental, in which visible and invisible aspects are inseparably interwoven. The church is »like a sacrament« and thus precisely a mystery. But this implies that no sensually experienced form of expression of the church can be directly identical with the nature of the church.

The perception of the church as mystery is also a key topic in ecclesiological understanding within the international dialogue between the LWF and the Orthodox churches of Chalcedonian tradition. In this dialogue the goal of visible unity was indeed envisaged at the outset, but not embedded in dialogue documents. The dialogue aims to explore convergences in the understanding of Scripture and Tradition, in the understanding of the church as mystery and questions of sacrament theology. In recent dialogues the common task of caring for creation was emphasised against the backdrop of Eucharist-theology. The veneration of the Eucharistic mystery involves the perception of the gifts

Als Ziel des ökumenischen Weges bestimmt der Text die umfassende Kirchengemeinschaft, die Glaubensgemeinschaft, Sakramentsgemeinschaft und Dienstgemeinschaft umfasst. Die Dienstgemeinschaft wiederum realisiere sich in der Ausübung des gemeinsamen kirchlichen Amtes, wobei aber die Ausübung des Episkopats nicht für jeden Ort gleichförmig sein müsse. In den weiteren Dialogen ist entsprechend der Weg in Richtung auf Kirchengemeinschaft beschritten worden. In der »Gemeinsamen Erklärung zur Rechtfertigungslehre« von 1999 (DWÜ 3,419–441) zwischen römisch-katholischer Kirche und Lutherischem Weltbund konnten die kirchentrennenden Lehrverurteilungen des 16. Jh.s in der Rechtfertigungslehre überwunden und ein Konsens in Grundwahrheiten der Rechtfertigungslehre festgestellt werden.

Während in »Einheit vor uns« der Begriff der Kirchengemeinschaft im Zentrum steht, wird in den neuen Dokumenten zum Reformationsgedenken 2017 aus dem internationalen lutherisch-katholischen Dialog »Vom Konflikt zur Gemeinschaft« und des Ökumenischen Arbeitskreises evangelischer und katholischer Theologen in Deutschland »Reformation 1517–2017. Ökumenische Perspektiven« das Ziel der sichtbaren Einheit stark betont. So bestimmt »Vom Konflikt zur Gemeinschaft« das Streben nach der sichtbaren Einheit als ökumenischen Imperativ, zu dem sich die Kirchen im Lichte des Reformationsgedenkens erneut verpflichten sollen. Gleichwohl wird die Sichtbarkeit der Einheit aber nicht einseitig fokussiert. Denn für Wesen und Auftrag der Kirche ist den Grundaussagen der Kirchenkonstitution »Lumen gentium« zufolge die Bestimmung der Kirche als »Zeichen und Werkzeug für die innigste Vereinigung mit Gott wie für die Einheit der ganzen Menschheit« (LG 1) grundlegend, in der sich sichtbare und unsichtbare Aspekte untrennbar verbinden. Die Kirche ist »gleichsam Sakrament« und gerade so Mysterium. Das aber impliziert, dass keine sinnlich erfahrbare Ausdrucksgestalt der Kirche unmittelbar identisch ist mit dem Wesen der Kirche.

Das Verständnis der Kirche als Mysterium ist auch ein wesentliches Thema der ekklesiologischen Verständigung im internationalen Dialog zwischen dem LWB und den orthodoxen Kirchen chalkedonensischer Tradition (vgl. DWÜ 3, 106–109 und DWÜ 4, 507–526). In diesem Dialog wurde das Ziel der sichtbaren Einheit zwar zu Beginn in Aussicht genommen, aber nicht in den Dialogdokumenten verankert. Der Dialog zielt darauf, die Konvergenzen im Verständnis von Schrift und Tradition, im Verständnis der Kirche als Mysterium und in sakramententheologischen Fragen auszuloten und zu erörtern. In den letzten Dialogen wurde dabei die gemeinsame Aufgabe der Bewahrung der Schöpfung im Horizont der Eucharistie-Theologie betont. Zur Verehrung des eucharistischen Geheimnisses gehört es, die Ga-

of the Eucharist as a sign of God's creative power and praise in commitment to the preservation of his creation. This comes to fruition here as one dimension of the quest for visible unity.

Although the difference in understanding of ministry can be seen to be the greatest difficulty on the road to communion in the Catholic-Lutheran and Orthodox-Lutheran talks, these dialogues also make it quite clear that the search for visible unity will not reach its goal in the search for a common ministry.

4.3 Summary

Having highlighted the different approaches to the search for visible unity in the Ecumenical Movement, one may recognise that visible unity is indeed received as an ecumenical goal, but that there is by no means a standard answer to the question of why and how the unity of the church of Jesus Christ may gain visible expression.

There is indeed agreement among the churches participating in the aforementioned dialogues that church communion in visible solidarity requires communion in word and sacrament, thus implying the practice of pulpit and altar fellowship; but opinions differ with regard to the understanding of ministry and the question whether communion in the celebration of the Eucharist or the Lord's Supper presupposes the unity of ministry, or whether communion in word and sacrament may be accepted and practised as an expression of visible unity, even when there is still no full agreement on the ministry.

At this point one can distinguish the differing conceptions of church communion and visible unity. Lutheran churches see in the right preaching of the gospel and the proper administration of the sacraments the characteristics of the church of Jesus Christ, which are thus the condition for the true unity of the church. In these characteristics one experiences what constitutes the unity of the church. The ministry is subservient to them. Although Lutheran churches hold firm to the bishops' ministry as the form of *episkopé* developed in the Early Church and regard this service to unity in word and sacrament as constitutive for the church's unity, nonetheless they permit diversity in nomenclature, jurisdictional aspects and in attitudes towards the importance of historic apostolic succession in the episcopate. For Lutherans, fellowship of pulpit and altar is central to the quest for visible unity, for it expresses agreement in word and sacrament. It is only on the basis of such agreement

ben der Eucharistie als Zeichen der Schöpfermacht Gottes wahrzunehmen und sie im Eintreten für die Bewahrung der Schöpfung Gottes zu preisen. Dies kommt hier als eine Dimension des Strebens nach sichtbarer Einheit zum Tragen.

Obwohl sich im katholisch-lutherischen und orthodox-lutherischen Gespräch die Differenz im Amtsverständnis als die größte Schwierigkeit auf dem Weg zur Gemeinschaft präsentiert, machen gerade diese Dialoge auch deutlich, dass das Streben nach sichtbarer Einheit nicht im Streben nach dem gemeinsamen Amt zum Ziel kommt.

4.3 ZUSAMMENFASSUNG

Der schlaglichtartige Blick auf verschiedene Ansätze im Streben nach sichtbarer Einheit in der Ökumenischen Bewegung zeigt, dass sichtbare Einheit zwar als ökumenisches Ziel rezipiert wird, dass aber die Frage, warum und in welcher Weise die Einheit der Kirche Jesu Christi sichtbaren Ausdruck gewinnen soll, keineswegs einheitlich beantwortet wird.

Während zwischen den an den angeführten Dialogen beteiligten Kirchen Übereinstimmung darin herrscht, dass zur Kirchengemeinschaft in sichtbarer Verbundenheit die Gemeinschaft in Wort und Sakrament und damit die Praxis von Kanzel- und Abendmahlsgemeinschaft gehört, differieren die Auffassungen im Blick auf das Amtsverständnis und die Frage, ob die Gemeinschaft in der Feier der Eucharistie bzw. des Abendmahls die Einheit im Amt voraussetzt oder ob die Gemeinschaft in Wort und Sakrament als Ausdruck sichtbarer Einheit gelten und praktiziert werden kann, auch wenn noch keine volle Übereinstimmung im Amt gegeben ist.

An diesem Punkt unterscheiden sich die verschiedenen Auffassungen von Kirchengemeinschaft und sichtbarer Einheit. Für lutherische Kirchen sind die rechte Predigt des Evangeliums und die stiftungsgemäße Verwaltung der Sakramente Kennzeichen der Kirche Jesu Christi und darum Bedingung wahrer Einigkeit der Kirche. In diesen Kennzeichen wird erfahrbar, was die Einheit der Kirche konstituiert. Das Amt ist ihnen dienend zugeordnet. Wenngleich lutherische Kirchen am Bischofsamt als der in der Alten Kirche entwickelten Form der *episkopé* festhalten und diesen Dienst an der Einheit in Wort und Sakrament als konstitutiv für die Einheit der Kirche ansehen, lassen sie Verschiedenheit in der Benennung, jurisdiktionellen Ausgestaltung und im Blick auf die Bedeutung historischer apostolischer Sukzession im Bischofsamt zu. Im Zentrum des Strebens nach sichtbarer Einheit steht für sie Kanzel- und Abendmahlsgemeinschaft, die Ausdruck der Übereinstimmung in Wort und Sakrament ist. Nur in solcher Übereinstimmung lässt sich die

that the gospel message of reconciliation of God with man in Jesus Christ can be jointly testified in faith and life.

Therefore, it is not only the overcoming of church divisions which is essential for the search for visible unity, but also the lively practice in common witness and service. This in turn implies an analysis of the blame for the separations, condemnations, exclusions and persecutions. Thus, the recollection of the Reformation period offered and offers Lutheran churches not merely cause to be grateful for the rediscovery of the gospel, but also to look into their own guilt, for example in the dispute with Anabaptists. In this case the search for visible unity needs to begin with reconciliation processes, reappraising the events of the past and asking for forgiveness. This was done by Lutherans and Mennonites during an intensive dialogue process in the years 2005 to 2008 on the subject »Healing Memories – Reconciling in Christ«. They set a visible sign of reconciliation with a service of repentance during the Assembly of the Lutheran World Federation in Stuttgart in 2010.

Botschaft des Evangeliums von der Versöhnung Gottes mit dem Menschen in Jesus Christus gemeinschaftlich in Glaube und Leben bezeugen.

Für das Streben nach sichtbarer Einheit ist darum nicht nur die Überwindung von Kirchentrennungen wesentlich, sondern auch die gelebte Praxis in gemeinsamem Zeugnis und Dienst. Das wiederum impliziert die Auseinandersetzung mit der Schuld für die Trennungen, Verwerfungen, Ausgrenzungen und Verfolgungen. So gab und gibt die Rückbesinnung auf die Reformationszeit lutherischen Kirchen nicht nur Anlass zur Dankbarkeit für die Wiederentdeckung des Evangeliums, sondern ebenso zur Einsicht in die Schuld, z. B. gegenüber den Täufern. Das Streben nach sichtbarer Einheit erfordert hier zuerst Versöhnungsprozesse, in denen die Erinnerung aufgearbeitet und um Vergebung gebeten wird. Dies haben Lutheraner und Mennoniten in den Jahren 2005 bis 2008 in einem eingehenden Dialogprozess zum Thema »Heilung der Erinnerungen – Versöhnung in Christus« getan (DWÜ 4, 401–506) und mit einem Bußgottesdienst bei der Vollversammlung des Lutherischen Weltbundes 2010 in Stuttgart ein sichtbares Zeichen der Versöhnung gesetzt.

5. Visible unity: Lutheran perspectives

5.1 Open questions

The Lutheran confessional tradition has always adhered to unity as an essential characteristic of the church, and has emphasised that the church needs to be made visible in practice, namely in the proclamation of the gospel and the celebration of the sacraments. An understanding on such practices was declared to be the (necessary and sufficient) condition for church unity, and the search for such understanding is thus a constitutive part of the church's mission. Lutheran churches were therefore in a position to adopt the formula of »visible unity«, which is customary in the World Council of Churches and coined especially by the Anglicans, and to accept it in their ecumenical dialogues as guiding ecclesiological aim.

This is facilitated by a twofold openness: on the one hand, the term itself (due to its use in multilateral ecumenism) is so broad that it is open to various, more detailed definitions. On the other hand, Lutheran confessional tradition has been very reluctant when it came to the specific designation of structural factors required for the proper fulfilment of the church's basic functions. This restraint allows Lutheran churches to recognise and acknowledge in very different churches genuine forms of realisation of the one church of Jesus Christ. Moreover, it allows a broad variety of structures within the Lutheran churches themselves. But the benefits of such flexibility do not absolve the Lutherans from the task of providing information as to which visible forms of expression of church unity are from their perspective possible, desirable, and even necessary.

Notwithstanding the legitimate diversity of divergent positions, it is thus manifest that there is still considerable need for clarification in the self-understanding within Lutheranism. It is undisputed that the basic ecclesial functions, proclamation of the gospel and administration of the sacraments, constitutively include certain institutional forms, particularly the existence of an ordained ministry. But it is unclear, for example, whether or to what extent the concrete form of the ministry belongs to the characteristic features

5. Sichtbare Einheit: Lutherische Perspektiven

5.1 Offene Fragen

Die lutherische Bekenntnistradition hat immer an der Einheit als Wesensmerkmal der Kirche festgehalten, und sie hat betont, dass Kirche sich notwendig in sichtbaren Vollzügen konkretisiert, nämlich in der Verkündigung des Evangeliums und der Feier der Sakramente. Eine Verständigung über diese Vollzüge wurde zur (notwendigen und hinreichenden) Bedingung für kirchliche Einheit erklärt. Eine solche Verständigung anzustreben, ist mithin konstitutiver Teil des kirchlichen Auftrags. Lutherische Kirchen konnten daher die im Ökumenischen Rat der Kirchen gebräuchliche und namentlich anglikanisch geprägte Formel von der »sichtbaren Einheit« aufgreifen und in ihren ökumenischen Dialogen als ekklesiologische Leitbestimmung akzeptieren.

Dies wird durch eine zweifache Offenheit erleichtert: Auf der einen Seite ist der Begriff selbst (bedingt durch seine Verwendung in der multilateralen Ökumene) so weit gefasst, dass er für vielfältige Näherbestimmungen offen ist. Auf der anderen Seite ist die lutherische Bekenntnistradition sehr zurückhaltend gewesen, wenn es darum ging, konkret zu benennen, welche strukturellen Faktoren für die sachgemäße Erfüllung der kirchlichen Grundfunktionen notwendig gegeben sein müssen. Diese Zurückhaltung ermöglicht es lutherischen Kirchen, in sehr unterschiedlichen Kirchen genuine Realisierungsgestalten der einen Kirche Jesu Christi zu erkennen und anzuerkennen. Sie ermöglicht im Übrigen auch eine große kirchenstrukturelle Vielfalt innerhalb der lutherischen Kirchen selbst. Dieser Vorzug der pluralitätsfähigen Flexibilität entbindet aber nicht von der Aufgabe, Auskunft darüber zu geben, welche sichtbaren Ausdrucksgestalten kirchlicher Einheit aus lutherischer Perspektive möglich, wünschenswert, ja notwendig sind.

Hier offenbart sich freilich schon in der innerlutherischen Selbstverständigung ungeachtet der legitimen Vielfalt divergierender Positionen noch erheblicher Klärungsbedarf. So ist zwar unstrittig, dass die ekklesialen Grundfunktionen der Evangeliumsverkündigung und der Sakramentsverwaltung konstitutiv gewisse institutionelle Formen einschließen, besonders das Gegebensein eines ordinationsgebundenen Amtes. Unklar ist aber z. B., ob bzw. in welchem Umfang die konkrete Ausgestaltung dieses Amtes zu den

of the church, or whether or to what extent it is rather part of *traditiones humanae,* which are open to various forms. One question in this context would be that of the necessity of an episcopal ministry. Furthermore, the exact status of church leadership structures which have only developed in Lutheranism in the course of history, is unclear, for example the synods: do they belong to the characteristic features of the church (as an expression of »universal priesthood of all believers«) or are they historically contingent manifestations, without which the church could also exist? Clarity is also required on the issue, whether or to what extent the constitutive visible practice of gospel proclamation and administration of the sacraments also implies the need for common liturgical forms. Last but not least, it must be asked whether or to what extent and in what form the *consensus de doctrina evangelii et de administratione sacramentorum* must be explicitly and formally formulated as a doctrine and thus find visible expression in this respect.

These questions concern not only the self-understanding within Lutheranism. They are also important for the ecumenical dialogue. The answers determine which visible forms, according to Lutheran understanding, are necessary in order to give visible expression to the unity of the church of Jesus Christ attested in the Creed. Does the »believed« unity have to become concrete in organisational unity? Or is it »sufficient« (in the sense of CA VII) if churches which are differently organised (maybe also in their organisational structure) have the most intensive possible communion? But then, what forms are required in order to make this communion recognisable as a visible manifestation of the »believed« unity? It cannot be overlooked that in the real ecumenical practice today church communion plays a particularly important role, one need only name the LWF or the CPCE, where »visible unity« (let alone organisational unity) is hardly mentioned. Should such visible forms of practised communion exist now and in future, will the distinction between »visible communion« and »visible unity« not become fluid? To put it pointedly: is »visible communion« synonymous with »visible unity«, or do these terms articulate different conceptions for the visible forms of expression of believed unity?

The present study is not in a position to answer these questions comprehensively. But it intends to help bring them to light. In the following, observations from the biblical-theological and church history sections regarding the relationship between unity and diversity in the church are summarised,

Wesensmerkmalen der Kirche gehört oder ob bzw. inwieweit sie nicht vielmehr Teil der *traditiones humanae* ist, die der unterschiedlichen Gestaltung offenstehen. Dies betrifft etwa die Frage nach der Notwendigkeit eines Bischofsamtes. Unklar ist ebenso, welchen Status kirchliche Leitungsstrukturen haben, die sich im Luthertum erst im geschichtlichen Verlauf entwickelt haben, etwa die Synoden: Gehören sie (als Ausdruck des »allgemeinen Priestertums aller Gläubigen«) zu den Wesensmerkmalen der Kirche oder sind sie geschichtlich kontingente Erscheinungsformen, ohne die die Kirche auch bestehen könnte? Klärungsbedürftig ist ebenfalls, ob bzw. inwieweit die konstitutiven sichtbaren Vollzüge der Evangeliumsverkündigung und Sakramentsspendung auch das Erfordernis gemeinsamer liturgischer Formen implizieren. Nicht zuletzt ist schließlich zu fragen, ob bzw. inwieweit und in welcher Gestalt der *consensus de doctrina evangelii et de administratione sacramentorum* explizit lehrförmig ausformuliert wird und also auch in dieser Hinsicht sichtbaren Ausdruck finden muss.

Diese Fragen betreffen nicht nur die innerlutherische Selbstverständigung. Sie sind auch wichtig für das ökumenische Gespräch. Von ihrer Beantwortung hängt ab, welche sichtbaren Formen nach lutherischem Verständnis nötig sind, um der im Glaubensbekenntnis bezeugten Einheit der Kirche Jesu Christi sichtbaren Ausdruck zu verleihen. Muss sich die »geglaubte« Einheit in organisatorischer Einheit konkretisieren? Oder »genügt« (im Sinne von CA VII) dafür die möglichst intensive Gemeinschaft organisatorisch (und ggf. auch in ihrer Organisationsstruktur) unterschiedener Kirchen? Welche Formen sind dann aber nötig, um diese Gemeinschaft als sichtbare Erscheinungsform der »geglaubten« Einheit erkennbar zu machen? Nicht zu übersehen ist, dass in den realen ökumenischen Vollzügen heute insbesondere Kirchengemeinschaft eine zentrale Rolle spielt, genannt seien nur der LWB oder die GEKE, wo von »sichtbarer Einheit« (und gar organisatorischer Einheit) kaum die Rede ist. Wenn es solche sichtbaren Formen gelebter Gemeinschaft gibt und geben soll, werden dann aber die Grenzen zwischen »sichtbarer Gemeinschaft« und »sichtbarer Einheit« nicht fließend? Zugespitzt gefragt: Ist »sichtbare Gemeinschaft« ein Synonym für »sichtbare Einheit«, oder artikulieren sich in diesen Begriffen unterschiedliche Konzepte für die sichtbaren Ausdrucksgestalten der geglaubten Einheit?

Die vorliegende Studie kann diese Fragen nicht umfassend beantworten. Sie will aber dazu beitragen, sie angemessen in den Blick zu nehmen. Im Folgenden sollen zunächst noch einmal Beobachtungen aus den biblisch-theologischen und den kirchengeschichtlichen Abschnitten zum Verhältnis von Einheit und Vielfalt in der Kirche zusammengetragen werden, ehe auf dieser

before concluding suggestions are made on this basis for living and maintaining ecumenical solidarity and unity from a Lutheran perspective.

5.2 UNITY AND DIVERSITY

Having looked back to the origins and beginnings of the church (see chapter 2), it has been shown that the early Christians knew that they were tied together in their common belief that God had turned to his people and his whole creation once and forever at the end of time in the teaching and destiny of Jesus of Nazareth. The early Christian writings reflect, however, that Jesus' significance for faith could be interpreted very differently, even controversially. Numerous efforts at understanding and unanimity can indeed be found (e.g. on the issue of »Gentile mission«), and Paul struggled resolutely against discord in the churches (cf. 1 Cor 1); the collection for the church in Jerusalem also illustrates active awareness for ecumenical solidarity.

Nonetheless, there is no question of unification. On the contrary, the very selection and compilation of the New Testament writings proves that the Christian church knew and recognised a number of different approaches to the understanding of Jesus, without attempting to make them homogeneous (four Gospels; several collections of Epistles: not only by Paul, but also by Peter – and James!). The same applies to the development of organisational structures: the New Testament knows a number of different leadership forms that are not, or only partially, compatible to each other. All these differences obviously did not put the elementary connectedness »in Christ« into doubt. This connectedness was the subject of metaphors (»body of Christ«) or narratives (Acts) of theological unity, but they were more programme than a representation of reality.

This does not basically change in the further history of Christianity (see chapter 3). Certainly, in the church of the Late Antiquity visible forms were established in order to represent, shape and defend the common connections between Christians. These included, for example, the general introduction of the episcopate from the 2nd century, the development of a broadly uniform canon of Holy Scripture (including Israel's Scriptures as the Old Testament and thus maintaining the permanent connection to the history of the chosen people of God), the emergence of mandatory formulas for the definition of articles of faith (*regula fidei*, confessions, dogmas), the formation of institutions and procedures across local church boundaries for universal decision on dis-

Basis abschließend Impulse benannt werden, wie aus lutherischer Perspektive ökumenische Verbundenheit und Einheit gelebt und gepflegt werden können.

5.2 Eɪɴʜᴇɪᴛ ᴜɴᴅ Vɪᴇʟꜰᴀʟᴛ

Der Blick zurück auf den Ursprung und die Anfänge der Kirche (s. o. Kap. 2) hat gezeigt: Die frühen Christen wussten sich miteinander verbunden in der gemeinsamen Überzeugung, dass sich in Lehre und Geschick Jesu von Nazareth Gottes endzeitliche und endgültige Zuwendung zu seinem Volk und seiner ganzen Schöpfung ereignet hat. Die frühchristlichen Schriften spiegeln aber wider, dass die Bedeutung Jesu für den Glauben höchst unterschiedlich, ja kontrovers gedeutet werden konnte. Zwar lassen sich vielfältige Bemühungen um Verständigung und Einmütigkeit erkennen (z. B. in der Frage der »Heidenmission«), und etwa Paulus kämpft entschieden gegen Zwietracht in den Gemeinden (vgl. 1 Kor 1); auch illustriert die Sammlung der Kollekte für die Gemeinde in Jerusalem ein aktiv gepflegtes Bewusstsein ökumenischer Verbundenheit.

Dennoch kann von einer Vereinheitlichung keine Rede sein. Im Gegenteil dokumentiert gerade die Auswahl und Zusammenstellung der neutestamentlichen Schriften, dass die christliche Kirche eine Pluralität von Zugängen zum Vorständnis Jesu kannte und anerkannte, ohne sie zu homogenisieren (vier Evangelien; mehrere Briefsammlungen: nicht nur Paulus, sondern auch Petrus – und Jakobus!). Dasselbe gilt für die Entstehung von Organisationsstrukturen: Das Neue Testament kennt eine Mehrzahl unterschiedlicher Leitungsformen, die nicht bzw. nur ansatzweise miteinander ausgeglichen werden. All diese Unterschiede ließen offenbar die elementare Verbundenheit »in Christus« nicht zweifelhaft werden. Diese Verbundenheit wurde in theologischen Einheitsmetaphern (»Leib Christi«) oder -narrationen (Apostelgeschichte) thematisiert, die aber mehr Programm als dargestellte Wirklichkeit waren.

Dies ändert sich auch in der weiteren Christentumsgeschichte nicht grundsätzlich (s. o. Kap. 3). Gewiss etablierten sich in der spätantiken Kirche sichtbare Formen der Repräsentation, Gestaltung und Verteidigung allgemeinchristlicher Verbundenheit: etwa die Durchsetzung des Bischofsamtes ab dem 2. Jh., die Bildung eines im Kernbestand einheitlichen Kanons heiliger Schriften (der die Schriften Israels als Altes Testament einschloss und so die bleibende Verbundenheit zur Erwählungsgeschichte des Gottesvolks festhielt), die Entstehung verbindlicher Formeln für die inhaltliche Bestimmtheit des Glaubens (*regula fidei*; Bekenntnisse; Dogmen), die Ausbildung von Institutionen und Verfahren zur überregionalen, dem Anspruch nach universalen

puted issues (synods, councils). However, this resulted neither in uniformity of content, nor in undisputed organisational assignments and hierarchies. In addition, agreement on content led not infrequently to disintegration and exclusions: for instance, it was the Christological dogma of Chalcedon which caused the separation of »Orthodox« and »Oriental Orthodox« churches in Eastern Christendom. And later it was precisely the different concepts of church unity which divided the Western and Eastern churches.

The same applies to the confessional differentiation of the Western church during the Reformation; Roman Catholic and Protestant theology distinguished themselves from one another, among other things, with differing conceptions for the unity of the church, which all parties upheld programmatically. These developments intensified the internal pluralism of Christendom, being connected to the explicit refusal of ecclesial communion and (one-sided or mutual) excommunication. Pietism and Enlightenment sought and found in personal devotion or in reason a deeper, underlying unity behind the visible forms – whether institutional structures or rigid dogmas. After the horrors of religious wars, this certainly promoted the awareness of what connects Christians and what they have in common, but the price was a devaluation of the »visible«.

As the Protestant unions of the 19th century show, which ended centuries of separation between the Lutheran and Reformed believers in some territorial churches, visible changes were in no way ruled out. But not by chance the unions provoked a renaissance of the denominational; in the end there were three Protestant denominations in Germany instead of two. The classical teaching differences between Protestants were not sustainably overcome until doctrinal discussions in the 20th century took place against the background of growing trust during the so-called »church struggle« (*Kirchenkampf*), leading to common experiences and common witness (Barmen Theological Declaration): the Leuenberg Agreement is a visible expression of full church communion.

The global ecumenical movement of the 20th century also arose from the awareness and experience of cross-denominational fellowship and common challenges (mission, secularisation) and unfolded at the same time a dynamic for producing »growing consensus«. A historically unprecedented atmosphere of general Christian solidarity in face of a globalised horizon corresponded indeed to a pluralism that was equally unique in history, not only, but espe-

Beschlussfassung in strittigen Fragen (Synoden; Konzilien). Dies führte aber weder zu inhaltlicher Einförmigkeit noch zu unumstrittenen organisatorischen Zuordnungen und Hierarchien. Zudem hatte inhaltliche Einigung nicht selten auch desintegrative, ausgrenzende Wirkungen: Es war etwa das christologische Dogma von Chalcedon, das in der östlichen Christenheit die Trennung der »orthodoxen« und der »altorientalischen« Kirchen bewirkte. Und später waren es gerade unterschiedliche Konzepte kirchlicher Einheit, die West- und Ostkirche auseinandertrieben.

Entsprechendes gilt auch für die konfessionelle Ausdifferenzierung der Westkirche in der Reformationszeit; römisch-katholische und reformatorische Theologie profilierten sich gegeneinander ja auch durch unterschiedliche Vorstellungen von der Einheit der Kirche, an der alle Seiten programmatisch festhielten. Diese Entwicklungen verschärften die innere Pluralisierung der Christenheit, indem sie verbunden waren mit ausdrücklich aufgehobener kirchlicher Gemeinschaft und (ein- oder wechselseitiger) Exkommunikation. Pietismus und Aufklärung suchten und fanden hinter den sichtbaren Formen – institutionellen Strukturen wie fixierten Lehren – eine die Unterschiede untergreifende tiefere Einheit in Frömmigkeit oder Vernunft. Dies hat nach den Schrecken der Glaubenskriege sicherlich das Bewusstsein für das Allgemein-christlich-Verbindende gefördert – allerdings um den Preis einer Entwertung des »Sichtbaren«.

Wie die innerprotestantischen Unionen des 19. Jh.s zeigen, die in einigen Territorialkirchen die jahrhundertelange kirchliche Trennung zwischen Lutheranern und Reformierten beendeten, waren dadurch sichtbare Veränderungen keineswegs ausgeschlossen. Nicht zufällig provozierten die Unionen jedoch eine Renaissance des Konfessionellen; am Ende gab es in Deutschland drei statt zwei protestantische Konfessionen. Eine nachhaltige Überwindung der klassischen innerprotestantischen Lehrdifferenzen gelang erst im 20. Jh. durch Lehrgespräche vor dem Hintergrund des im sogenannten »Kirchenkampf« durch gemeinsame Erfahrungen und gemeinsames Zeugnis (Barmer Theologische Erklärung) gewachsenen Vertrauens: Die Leuenberger Konkordie ist sichtbarer Ausdruck voller kirchlicher Gemeinschaft.

Die weltweite ökumenische Bewegung des 20. Jh.s entstand auch aus dem Bewusstsein und der Erfahrung konfessionsübergreifender Gemeinschaft und gemeinsamer Herausforderungen (Mission, Säkularisierung) und entfaltete zugleich eine Dynamik zur Herstellung »wachsender Übereinstimmung«. Einer historisch beispiellosen Atmosphäre allgemeinchristlicher Verbundenheit in globalisiertem Horizont korrespondierte freilich eine ebenfalls historisch einzigartige Pluralisierung, nicht nur, aber besonders aufgrund der

cially due to the emergence and rapid growth of Pentecostal churches. Never before was Christianity as diversified as today. Respectively, the same picture can be seen when looking at the considerable internal pluralism in the large mainstream churches.

Against this background, the question of »visible unity« re-emerges with increased intensity. In any case, the idea of a comprehensive organisational unity appears to be an unrealistic aim. Not least for this reason, there has been a development in the ecumenical movement and in the bilateral or multilateral dialogues (as shown in chapter 4) towards guiding principles and conceptions of unity reaching beyond a mere »peaceful coexistence« of independent denominational churches, yet without levelling out or eliminating the diversity which has grown over the course of time. Formulas such as »unity in reconciled diversity« emphasise the difference which remains, but is no longer perceived as divisive. In the term »visible unity«, or even »full visible unity« or »full, visible unity«, the emphasis is on a more strongly institutionalised unity, which nevertheless does not generally preclude, but rather integrates multiplicity.

This model could also serve as a bridge to the Roman Catholic Church, which – contrary to a widespread prejudice – also knows diversity on many levels. Pluralism is not the monopoly of the Protestants. Catholicism insists, however, that diversity must be anchored in an institutionally formed (»visible«) uniform framework, stemming from revelation, namely the fellowship of bishops which is associated with and subordinate to the Bishop of Rome. This framework of unity cannot be recognised by all denominations as a religious necessity (*iure divino*). What is the consequence for the visible unity from a Lutheran perspective?

5.3 »Visible unity«

Taken for itself, the term »visible unity« has little specific content. At first, it simply rules out exclusivist confessionalism and a purely trans-empirical understanding of unity. What it includes depends on how it is filled.

It seems relatively clear that visible unity does not designate an original, historical status, to which the differentiated churches could or should »return« in some way. Visible unity, in the sense of comprehensive organisational unity with a well-defined structure, certainly did not exist in the early days of the church. But there was clearly a consciousness of belonging together, which

Entstehung und des schnellen Wachstums der Pfingstkirchen. Noch nie war das Christentum so diversifiziert wie heute. Dieses Bild bietet sich analog auch beim Blick auf den erheblichen inneren Pluralismus in den großen Volkskirchen.

Vor diesem Hintergrund stellt sich die Frage nach der »sichtbaren Einheit« noch einmal in ganz neuer Zuspitzung. Jedenfalls erscheint angesichts dessen die Vorstellung einer umfassenden organisatorischen Einheit als unrealistische Zielperspektive. Nicht zuletzt deshalb sind in der ökumenischen Bewegung und den bi- oder multilateralen Dialogen, wie gezeigt (s. o. Kap. 4), Leitbegriffe und Einheitskonzeptionen entwickelt worden, die über eine bloße »friedliche Koexistenz« voneinander unabhängiger Konfessionskirchen hinausführen, aber die historisch gewachsene Vielfalt dennoch nicht nivellieren oder eliminieren. Formeln wie »Einheit in versöhnter Verschiedenheit« betonen die verbleibende, aber nun nicht mehr als trennend empfundene Differenz. Bei »sichtbarer Einheit«, gar »voller sichtbarer Einheit« oder »voller, sichtbarer Einheit« liegt der Akzent auf einer stärker institutionalisierten Einheit, die in der Regel Vielheit gleichwohl nicht ausschließt, sondern sie in sich integriert.

Dieses Modell ist auch für die römisch-katholische Kirche anschlussfähig. Entgegen einem verbreiteten Vorurteil kennt auch sie auf vielen Ebenen Vielfalt. Pluralismus ist kein Alleinbesitz der Protestanten. Der Katholizismus besteht aber darauf, die Vielfalt in einen institutionell gestalteten (»sichtbaren«) Einheitsrahmen zu stellen, der aus der Offenbarung abgeleitet wird, nämlich die dem Bischof von Rom zu- und untergeordnete Gemeinschaft der Bischöfe. Diesen Einheitsrahmen können nicht alle Konfessionen als religiös notwendig (*iure divino*) anerkennen. Was folgt daraus aus lutherischer Perspektive für die sichtbare Einheit?

5.3 »Sɪᴄʜᴛʙᴀʀᴇ Eɪɴʜᴇɪᴛ«

Der Ausdruck »sichtbare Einheit« ist, für sich selbst genommen, inhaltlich wenig bestimmt. Er schließt zunächst nur einen exklusivistischen Konfessionalismus und ein rein transempirisches Einheitsverständnis aus. Was er einschließt, hängt davon ab, wie man ihn füllt.

Relativ klar scheint, dass sichtbare Einheit nicht einen historischen Ursprungszustand benennt, zu dem die ausdifferenzierten Kirchen in irgendeiner Form »zurückkehren« könnten oder sollten. Sichtbare Einheit im Sinn einer umfassenden organisatorischen Einheit mit durchgehender Struktur gab es jedenfalls in den Anfängen der Kirche sicher nicht. Ein Gemeinsamkeitsbewusstsein, das sich auf verschiedenen Ebenen mit unterschiedlicher Reichweite auch handlungsförmig und strukturell artikulierte,

was also articulated in action and structures at various levels and to differing extents. What would it mean to translate this into the present?

The same applies if visible unity is not considered as the restoration of an original status that has gone missing, but as a goal to be achieved. While the extended idea of »full, visible unity« – meaning »full unity which is actually visible« – can only be regarded as achieved when the full unity is visible, the phrase »full visible unity« reckons with a visible unity which is already given to some extent, but still needs to be increased to fullness. But when is this fullness reached? What is it supposed to include? When will that be established, and by whom? On closer inspection the term »visible unity« without detailed explanation always opens up more questions than it can provide answers.

From a Lutheran perspective church unity has to fulfil three essential conditions: agreement on the understanding of the gospel and of the sacraments, and (in association with both) on the understanding and (mutual) recognition of the ordained ministry. If these conditions are given, full ecclesial communion is reached in the sense of the *unitas* (»unanimity«) in the confessions. From this point of view, there is no difference between »communion« and »unity«. The declaration of such agreement is then itself a moment of visible unity.

In the question of how this unity finds visible expressions, is institutionally formed and lived, Lutheran theology is not committed to specific models. Full organisational unification is possible and in some cases certainly useful, but not mandatory. »Full visible unity« can be practised just as well in the communion of churches which remain organisationally independent, but give this communion institutional structures at various levels, e. g. by mutual exchange of clergy or parish groups, reciprocal representation in counselling, common theological training institutes, common representation in the political sphere, etc. In this respect, the Evangelical Church in Germany (EKD) is also a practical example of »full, visible unity«, namely as a communion of churches of different confessions.

In the framework of such a fundamental agreement, Lutheran churches can develop for themselves quite different (institutional, legal, liturgical) expressions of their being church, whilst also recognising differing forms in other churches as legitimate visible expressions of the church of Jesus Christ which do not endanger unity. But they cannot readily demand that the visible

gab es hingegen wohl schon. Was hieße es aber, dies in die Gegenwart zu übersetzen?

Entsprechendes gilt auch, wenn man sichtbare Einheit nicht als Wiederherstellung eines als verloren wahrgenommenen Urzustands auffasst, sondern als zu erreichendes Ziel. Während die Ergänzung »volle, sichtbare Einheit« – im Sinne von »volle, nämlich sichtbare Einheit« – erst mit der Sichtbarkeit die volle Einheit erreicht sieht, rechnet die Formulierung »volle sichtbare Einheit« damit, dass sichtbare Einheit in gewissem Maße schon gegeben ist, aber noch zur Fülle gesteigert werden muss. Wann ist diese Fülle aber erreicht? Was soll sie einschließen? Woran wird sie (von wem?) festgemacht? Der Terminus »sichtbare Einheit« markiert bei näherem Hinsehen ohne genaue Erläuterung immer wieder mehr offene Fragen, als dass er Antworten gibt.

Aus lutherischer Sicht bedarf es zur kirchlichen Einheit dreier wesentlicher Bedingungen: der Übereinstimmung im Verständnis des Evangeliums und der Sakramente und (in Zuordnung zu beidem) im Verständnis und der (wechselseitigen) Anerkennung des ordinationsgebundenen Amtes. Sind diese Bedingungen gegeben, ist volle kirchliche Gemeinschaft im Sinne der vom Bekenntnis genannten *unitas* (»Einigkeit«) erreicht. Zwischen »Gemeinschaft« und »Einheit« besteht in dieser Perspektive kein Unterschied. Die Erklärung dieser Übereinstimmung ist dann selbst schon ein Moment der sichtbaren Einheit.

In der Frage, in welchen sichtbaren Ausdrucksformen sich diese Einheit realisiert, institutionell ausgestaltet und gelebt wird, ist die lutherische Theologie nicht auf bestimmte Modelle festgelegt. Eine volle organisatorische Vereinigung ist möglich und in manchen Fällen sicher auch sinnvoll, aber nicht zwingend erforderlich. »Volle sichtbare Einheit« kann sich genauso in der Gemeinschaft von organisatorisch selbständig bleibenden Kirchen vollziehen, die diese Gemeinschaft auf unterschiedlichen Ebenen institutionell strukturieren, z. B. durch wechselseitigen Austausch von Geistlichen oder Gemeindegruppen, wechselseitige Vertretung in der Seelsorge, gemeinsame theologische Ausbildungsstätten, gemeinsame Repräsentanz in der politischen Öffentlichkeit etc. Insofern realisiert sich auch in der EKD als Gemeinschaft bekenntnisverschiedener Kirchen »volle sichtbare Einheit«.

Im Rahmen der genannten grundsätzlichen Übereinstimmung können lutherische Kirchen sowohl für sich selbst durchaus unterschiedliche (institutionelle, rechtliche, liturgische) Ausdrucksformen ihres Kircheseins entwickeln als auch bei anderen Kirchen diverse Ausgestaltungen als legitime, die Einheit nicht gefährdende sichtbare Ausdrucksformen der Kirche Jesu Christi anerkennen. Sie können aber nicht ohne Weiteres die sichtbaren Formen, auf

forms that they have established for themselves should act as a precondition for the recognition of other churches. Should Lutheran churches, for example, define the ministry of the bishop as a constitutive element of regional *episkopé*, that does not mean that they can only (still) maintain full ecclesial communion with (Lutheran and other) churches which hold the same conviction.

For ecumenical discussion it is, moreover, quite important to point out that the Roman Catholic Church also does not insist on full organisational integration and structural homogeneity for full visible unity; those oriental churches which are united with Rome are organisationally independent units with their own rite, their own clergy, etc.

However, the Lutheran dialogues with the Roman Catholic, but also with the Orthodox Church or the Anglican Communion demonstrate clearly that these churches have developed different criteria for visible unity, notably including the episcopate in apostolic succession. Therefore, they are not, or not fully, in ecclesial communion with the Lutheran churches. Conversely, the Lutheran church cannot envisage full visible unity with these churches, as long as they do not fully recognise the Lutheran ordained ministry, or prescribe conditions for this recognition which are at least not mandatory according to Lutheran understanding. But Lutherans have a (more or less) great deal in common with these churches, which is also articulated visibly. Here »visible communion« and »visible unity« are not congruent. To be sure, elements of »visible unity« can be identified in the »visible communion«; but the full »visible unity« is still pending. From a Lutheran perspective, however, it is part of the ecclesial and ecumenical responsibilities of the Lutheran church to make the communion visible which has already been achieved on the grounds of these commonalities to maintain it and to work towards the extension of lived »visible unity«.

The passage through the church's history as well as the debates in multilateral ecumenism repeatedly show that the connectedness of the entire Christendom is not only articulated in the narrow area of clerical structures, theological teaching and liturgical-sacramental practice, but can be formed and maintained at all levels of church life, even though full visible unity has not already been reached. One may consider, for example, reciprocal intercession, joint liturgical celebrations, the formation of close-knit networks of mutual information, joint action in mission, social work and the public sphere,

die sie sich selbst festgelegt haben, zur Bedingung der Anerkennung anderer Kirchen machen. Wenn beispielsweise lutherische Kirchen für sich selbst das Bischofsamt als konstitutives Moment übergemeindlicher *episkopé* festlegen, heißt das nicht, dass sie volle kirchliche Gemeinschaft nur (noch) mit (lutherischen und anderen) Kirchen pflegen können, die das genauso halten.

Für die ökumenische Diskussion ist im Übrigen nicht ganz unwichtig darauf hinzuweisen, dass auch die römisch-katholische Kirche für volle sichtbare Einheit keine vollständige organisatorische Integration und strukturelle Homogenität verlangt; die mit ihr unierten orientalischen Kirchen etwa sind organisatorisch eigenständige Einheiten mit eigenem Ritus, eigenem Klerus etc.

Allerdings zeigen gerade die lutherischen Dialoge mit der römisch-katholischen, aber auch mit der orthodoxen Kirche oder der Anglikanischen Gemeinschaft, dass diese Kirchen andere Kriterien für sichtbare Einheit entwickelt haben, zu denen namentlich das Bischofsamt in apostolischer Sukzession gehört. Daher stehen sie mit den lutherischen Kirchen nicht bzw. nicht voll in kirchlicher Gemeinschaft. Umgekehrt kann sich auch die lutherische Kirche mit diesen Kirchen nicht in voller sichtbarer Einheit sehen, solange sie das lutherische ordinationsgebundene Amt nicht uneingeschränkt anerkennen bzw. für diese Anerkennung Bedingungen stellen, die nach lutherischem Verständnis zumindest nicht zwingend erforderlich sind. Doch auch mit diesen Kirchen besteht jeweils ein (unterschiedlich) hohes Maß an Gemeinsamkeiten, die sich auch sichtbar artikulieren. Hier sind »sichtbare Gemeinschaft« und »sichtbare Einheit« nicht deckungsgleich. Zwar können in der »sichtbaren Gemeinschaft« Momente »sichtbarer Einheit« identifiziert werden; zumindest die volle »sichtbare Einheit« steht aber aus. Aus lutherischer Sicht gehört es jedoch zur ekklesialen und ökumenischen Verantwortung der lutherischen Kirche, gerade die in diesen Gemeinsamkeiten bereits realisierte Gemeinschaft sichtbar zu machen und zu pflegen und auf die Erweiterung gelebter »sichtbarer Einheit« hinzuwirken.

Der Durchgang durch die Kirchengeschichte wie auch die Debatten in der multilateralen Ökumene zeigen immer wieder, dass sich gesamtchristliche Verbundenheit nicht nur im engen Bereich von Amtsstrukturen, theologischer Lehre und liturgisch-sakramentaler Praxis artikuliert, sondern auf allen Ebenen kirchlichen Lebens gestaltet und gepflegt werden kann, auch ohne dass dabei schon volle sichtbare Einheit gegeben sein müsste. Zu denken ist etwa an wechselseitige Fürbitte, an gemeinsame gottesdienstliche Feiern, an die Bildung von dichten Netzwerken gegenseitiger Information, an gemeinsames Handeln in Mission, Diakonie und Öffentlichkeit, an wechselseitige Rechen-

mutual accountability especially in divisive issues. All these forms of lively communion do not yet express full visible unity, but they do express visibly the fundamental Christian unity, and it is worth every effort to discover and promote them.

schaft gerade auch in trennenden Fragen. All diese Formen gelebter Gemeinschaft sind noch nicht Ausdrucksgestalten voller sichtbarer Einheit, wohl aber
sichtbare Ausdrucksgestalten grundlegender christlicher Einheit, und es ist
alle Mühe wert, sie zu entdecken und zu fördern.

Bibliography

Collected Agreed Statements of the Lutheran–Orthodox Joint Commission, 1985–2011, online: https://www.lutheranworld.org/content/resource-agreed-lutheran%e2%80%93orthodox-statements-1985-2011.

Faith and Order Commission, Baptism, Eucharist and Ministry (Lima Document), Faith and Order Papers 111, Geneva 1982, online: http://www.oikoumene.org/en/resources/documents/commissions/faith-and-order/i-unity-the-church-and-its-mission/baptism-eucharist-and-ministry-faith-and-order-paper-no-111-the-lima-text.

Called to Common Mission. A Lutheran Proposal for a Revision of the Concordat of Agreement (1999/2000), online: http://download.elca.org/ELCA%20Resource%20Repository/Called_To_Common_Mission.pdf?_ga=1.266354510.1156067935.1472636153.

Called to Full Communion. The Waterloo Declaration (2001), online: http://www.anglicancommunion.org/media/102184/waterloo_declaration.pdf.

Die Bekenntnisschriften der Evangelisch-Lutherischen Kirche, ed. by Irene Dingel, Göttingen 2014 (= BSELK).

The Book of Concord. The Confessions of the Evangelical Lutheran Church, ed. by Robert Kolb and Timothy J. Wengert, Minneapolis 2000 (= BC).

Healing Memories – Reconciling in Christ. Report of the Lutheran-Mennonite International Study Commission, Geneva/Strasbourg 2010, online: https://www.lutheranworld.org/content/resource-healing-memories-reconciling-christ.

The Joint Declaration on the Doctrine of Justification (1999), online: https://www.lutheranworld.org/content/resource-joint-declaration-doctrine-justification.

Walter Cardinal Kasper, Harvesting the Fruits. Basic Aspects of Christian Faith in Ecumenical Dialogue, London/New York 2009.

The Church as Communion. Lutheran Contributions to Ecclesiology, ed. by Heinrich Holze, LWB Documentation 42, Geneva 1997.

Facing Unity. Models, Forms and Phases of Catholic-Lutheran Church Fellowship (1984), online: http://www.prounione.urbe.it/dia-int/l-rc/doc/e_l-rc_facing.html.

Die Kirche Jesu Christi / The Church of Jesus Christ. Der reformatorische Beitrag zum ökumenischen Dialog über die kirchliche Einheit / The Contribution of the Reformation towards Ecumenical Dialogue on Church Unity, ed. by Michael Bünker and Martin Friedrich, Leuenberger Texte 1, Leipzig ²2012.

Documents of the Second Vatican Council, online: http://www.vatican.va/archive/hist_councils/ii_vatican_council/index.htm.

Leuenberg Agreement. Agreement between Reformation Churches in Europe (1973), online: http://www.leuenberg.net/leuenberg-agreement.

LITERATURHINWEISE

Die Bekenntnisschriften der Evangelisch-Lutherischen Kirche, hrsg. von Irene Dingel, Göttingen 2014 (= BSELK).

Dokumente wachsender Übereinstimmung. Sämtliche Berichte und Konsenstexte interkonfessioneller Gespräche auf Weltebene. Band 1: 1931–1982, hrsg. von Harding Meyer, Damaskinos Papandreou, Hans Jörg Urban und Lukas Vischer, Paderborn/Frankfurt a. M. ²1991 (= DWÜ 1).

Dokumente wachsender Übereinstimmung. Sämtliche Berichte und Konsenstexte interkonfessioneller Gespräche auf Weltebene. Band 2: 1982–1990, hrsg. von Harding Meyer, Damaskinos Papandreou, Hans Jörg Urban und Lukas Vischer, Paderborn/Frankfurt a. M. 1992 (= DWÜ 2).

Dokumente wachsender Übereinstimmung. Sämtliche Berichte und Konsenstexte interkonfessioneller Gespräche auf Weltebene. Band 3: 1990–2001, hrsg. von Harding Meyer, Damaskinos Papandreou, Hans Jörg Urban und Lukas Vischer, Paderborn/Frankfurt a. M. 2003 (= DWÜ 3).

Dokumente wachsender Übereinstimmung. Sämtliche Berichte und Konsenstexte interkonfessioneller Gespräche auf Weltebene. Band 4: 2001–2010, hrsg. von Johannes Oeldemann, Friederike Nüssel, Uwe Swarat und Athanansios Vletsis, Paderborn/Leipzig 2012 (= DWÜ 4).

Walter Kardinal Kasper, Die Früchte ernten: Grundlagen des christlichen Glaubens im ökumenischen Dialog, Paderborn 2011.

Die Kirche als Gemeinschaft. Lutherische Beiträge zur Ekklesiologie, hrsg. von Heinrich Holze, LWB Dokumentation 42, Genf 1998.

Die Kirche Jesu Christi. Der reformatorische Beitrag zum ökumenischen Dialog über die kirchliche Einheit, hrsg. von Michael Bünker und Martin Friedrich, Leuenberger Texte, Heft 1, Leipzig ²2012.

Kleines Konzilskompendium. Alle Konstitutionen, Dekrete und Erklärungen des Zweiten Vaticanums in der bischöflich beauftragten Übersetzung, hrsg. von Karl Rahner und Herbert Vorgrimler, Freiburg i. Br. ³⁵2015.

Reformation 1517–2017. Ökumenische Perspektiven, deutsch und englisch, hrsg. von Dorothea Sattler und Volker Leppin, Freiburg i. Br./Göttingen 2014.

Vom Konflikt zur Gemeinschaft. Gemeinsames Lutherisch-katholisches Reformationsgedenken im Jahr 2017. Bericht der Lutherisch / Römisch-katholischen Kommission für die Einheit, Leipzig 2013.

Die Weltkonferenz für Glauben und Kirchenverfassung. Deutscher amtlicher Bericht über die Weltkirchenkonferenz zu Lausanne, 3.–21. August 1927, hrsg. von Hermann Sasse, Berlin 1929.

The Meissen Common Statement (1988), online: https://www.churchofengland.org/
   about-us/work-other-churches/europe/the-meissen-agreement.aspx.
The Niagara Report. Report of the Anglican-Lutheran Consultation on Episcope (1987),
   London 1988, online: http://www.anglicancommunion.org/media/102175/the_
   niagara_report.pdf.
Reformation 1517–2017. Ökumenische Perspektiven, ed. by Dorothea Sattler and
   Volker Leppin, Freiburg i. Br./Göttingen 2014 (German/English).
Called to Witness and Service. The Reuilly Common Statement with Essays on Christ,
   Eucharist and Ministry, London 1999, online: http://www.strasbourginstitute.org/
   en/anglican-lutheran-dialogue.
Together in Mission and Ministry. The Porvoo Common Statement, London 1993, on-
   line: http://www.anglicancommunion.org/media/102178/porvoo_common_state-
   ment.pdf.
Toward Church Fellowship. Report of the Joint Commission of the Lutheran World Federation and the World Alliance of Reformed Churches, Geneva 1989, http://ecu-
   menism.net/archive/docu/1988_lwf_warc_toward_church_fellowship.pdf.
From Conflict to Communion. Lutheran-Catholic Common Commemoration of the Reformation in 2017. Report of the Lutheran-Roman Catholic commission in Unity,
   Leipzig/Paderborn 2013.
Die Weltkonferenz für Glauben und Kirchenverfassung. Deutscher amtlicher Bericht
   über die Weltkirchenkonferenz zu Lausanne, 3.–21. August 1927, ed. by Hermann
   Sasse, Berlin 1929.

Ecumenical Study Committee

Chair	Prof. Dr. Bernd Oberdorfer (Augsburg University)
Deputy Chair	Prof. Dr. Heinrich Holze (Rostock University)
Further members	Landessuperintendent Dr. Hans Christian Brandy (Evangelical Lutheran Church of Hanover)
	Rev. Antje Hanselmann (Evangelical Lutheran Church in Northern Germany)
	Prof. Dr. Dr. h. c. Wilfried Hartmann (Evangelical Lutheran Church in Northern Germany)
	Pröpstin Marita Krüger (Evangelical Church in Central Germany, GNC/LWF)
	Oberkirchenrat Michael Martin (Evangelical Lutheran Church in Bavaria)
	Oberlandeskirchenrat Dr. Peter Meis (Evangelical Lutheran Church of Saxony)
	Prof. Dr. Karl-Wilhelm Niebuhr (Jena University)
	Prof. Dr. Friederike Nüssel (Heidelberg University)
	Dekan i. R. Klaus Schwarz (Evangelical Lutheran Church of Württemberg, GNC/LWF)
Permanent guests	Prof. Dr. Gilberto da Silva (Luth. Theologische Hochschule Oberursel, SELK)
	Dr. Elisabeth Dieckmann (Council of Christian Churches in Germany)
	Director Prof. Dr. Theo Dieter (Institute for Ecumenical Research, Strasbourg)
	Rev. Dr. Kaisamari Hintikka (Lutheran World Federation)
	Oberkirchenrat Dr. Martin Illert (Church Office of the EKD)
	Dr. Paul Metzger (Konfessionskundliches Institut, Bensheim)
Secretary	Oberkirchenrat Dr. Oliver Schuegraf (Office of the VELKD)
Translation by	Neville Williamson

ÖKUMENISCHER STUDIENAUSSCHUSS

Vorsitz	Prof. Dr. Bernd Oberdorfer (Universität Augsburg)
Stellvertretender Vorsitz	Prof. Dr. Heinrich Holze (Universität Rostock)
Weitere Mitglieder	Landessuperintendent Dr. Hans Christian Brandy (Hannover)
	Pfarrerin Antje Hanselmann (Nordkirche)
	Prof. Dr. Dr. h. c. Wilfried Hartmann (Nordkirche)
	Pröpstin Marita Krüger (Mitteldeutschland, DNK/LWB)
	Oberkirchenrat Michael Martin (Bayern)
	Oberlandeskirchenrat Dr. Peter Meis (Sachsen)
	Prof. Dr. Karl-Wilhelm Niebuhr (Universität Jena)
	Prof. Dr. Friederike Nüssel (Universität Heidelberg)
	Dekan i. R. Klaus Schwarz (Württemberg, DNK/LWB)
Ständige Gäste	Prof. Dr. Gilberto da Silva (Lutherische Theologische Hochschule Oberursel, SELK)
	Dr. Elisabeth Dieckmann (Arbeitsgemeinschaft Christlicher Kirchen, ACK)
	Direktor Prof. Dr. Theo Dieter (Institut für Ökumenische Forschung, Straßburg)
	Pfarrerin Dr. Kaisamari Hintikka (LWB)
	Oberkirchenrat Dr. Martin Illert (Kirchenamt der EKD)
	Dr. Paul Metzger (Konfessionskundliches Institut, Bensheim)
Geschäftsführung	Oberkirchenrat Dr. Oliver Schuegraf (Amt der VELKD)